Romano Prodi
dialoga con
Massimo Giannini

Il dovere della speranza

Le guerre, il disordine mondiale,
la crisi dell'Europa e i dilemmi dell'Italia

Rizzoli

Pubblicato per

Rizzoli

da Mondadori Libri S.p.A.

ISBN 978-88-17-19091-6

Prima edizione: novembre 2024
Seconda edizione: novembre 2024

Il dovere della speranza

Introduzione

Tensioni, frammentazione e instabilità. Sono queste le caratteristiche del tempo in cui ci troviamo a vivere. È vero per l'intero pianeta, per l'Europa e per l'Italia.

Di fronte a questo terremoto la democrazia si è progressivamente indebolita e sempre più fatica a rinnovare se stessa e a tenere il passo con un autoritarismo che sembra volere avanzare ovunque.

Di questo abbiamo chiacchierato insieme, condividendo la stessa passione e le stesse preoccupazioni, ma anche le stesse speranze. Come talvolta capita in questi casi, abbiamo cominciato con brevi scambi di idee, quasi a ruota libera, per accorgerci poi che tutto si legava in una trama e che le nostre riflessioni potevano essere meglio espresse in un libro. E così, con una certa dose di ambizione, lo abbiamo fatto. Sarà il lettore a valutare il risultato della nostra ambizione. L'unica cosa che possiamo assicurare è che la discussione è stata ampia e libera.

Con il procedere delle nostre conversazioni, ci siamo resi conto che i problemi più lontani e più vicini a noi si intrecciano in modo molto più stretto di quanto non ci saremmo aspettati.

E se lo sguardo sul passato poteva esserci sembrato un esercizio puramente intellettuale, è apparso invece evidente che gli errori di ieri sono alla radice dei problemi di oggi.

L'illusione che la fine della Guerra Fredda, con la dissoluzione dell'Unione Sovietica e il trionfo delle cosiddette potenze democratiche, avrebbe preparato una generazione di pace e di sviluppo economico per il mondo intero si è trasformata in una realtà di crescenti tensioni, fino a esiti che ritenevamo impossibili: una guerra in piena Europa e il drammatico riacutizzarsi di un eterno conflitto che rende ancora più insolubile l'intricata tragedia politica del nostro Mediterraneo.

Allo stesso modo, in campo economico, l'illusione di una globalizzazione progressiva, cooperativa e senza fine, ha lasciato il campo a una frammentazione sempre più estrema che, a livello mondiale, ha finito con il tradursi in uno scontro tra le due superpotenze, Cina e Stati Uniti. Quasi in maniera speculare, la frammentazione europea impedisce la composizione degli interessi e delle scelte dei singoli Paesi. Un nazionalismo sempre più esplicito li spinge a credere di potersi salvare in solitudine.

Un sentimento che non risparmia il nostro Paese, dove si cercano soluzioni che si modellano solo sugli interessi di parte e non rammendano gli strappi dell'intera società italiana. Una società particolarmente incapace di creare un vero establishment, condizione indispensabile per la costruzione di un futuro comune, pur nel rispetto delle necessarie diversità.

Le nostre riflessioni non potevano evidentemente non sottolineare tutti i problemi e gli aspetti negativi che attraversano il mondo e quindi le nostre vite, ma ci hanno anche portato a riaffermare la nostra profonda convinzione secondo la quale le democrazie, pur così indebolite, restano l'unico strumento di aggregazione politica capace di rinnovarsi e, addirittura, di rinascere. Come già avvenuto tante volte in passato.

Se vi è un dovere che riguarda tutti è quello di dare un senso concreto alla speranza, prendendoci cura del futuro delle democrazie. L'auspicio è che queste conversazioni possano sostenere il nostro comune dovere.

Romano Prodi e Massimo Giannini

PRIMA PARTE

Viaggio nella Fine della Storia

1

Il tramonto del Vecchio Ordine

Professor Prodi, cominciamo dall'inizio questo nostro Viaggio nel Grande Disordine Mondiale. Dall'inizio, per me vuol dire dal momento in cui ci siamo illusi che nel «globo terracqueo» – per usare una formula oggi ricorrente e cara soprattutto ai sovranisti al comando in diversi Paesi, a partire dal nostro – regnassero finalmente il Canone occidentale e la Pax americana. Partiamo dal crollo del Muro di Berlino: sotto quelle macerie finisce sepolto il comunismo sovietico, il socialismo reale. Con gli orrori di quell'universo finisce anche il sogno delle masse più povere che credevano possibile, se non la Rivoluzione d'ottobre, almeno il riscatto sociale, l'emancipazione dal bisogno, insomma una società diversa. E invece è il trionfo del Capitalismo, che si conferma modello vincente e dominante: il mercato globale, con le sue leggi e le sue regole, resta l'unico attore sulla scena. Si chiude l'epoca della Guerra Fredda, dell'equilibrio del Terrore e della deterrenza nucleare. La volontà di potenza degli imperi cede il passo all'economia, e dove passano le merci non passano gli eserciti. Insomma, è la fase che Francis Fukuyama, in un saggio che ha fatto epoca, battezza come «la fine della Storia». La convince, questa chiave interpretativa?

Al di là di Fukuyama, già allora si era capito che la caduta del Muro avrebbe segnato un «prima» e un «dopo» nel corso della Storia. Il mondo di «prima» era un mondo semplice. Dal punto di vista geostrategico, politico, economico, militare, c'era solo un gioco a due: Stati Uniti e Unione Sovietica. Non c'erano altri protagonisti, su scala mondiale o regionale. La Cina stava già imboccando il sentiero della crescita ma, essendo solo all'inizio, nell'ottica delle cancellerie internazionali era considerata un fenomeno quasi «esotico». Io, allora, frequentavo la Cina già da qualche anno. Avevo iniziato a visitarla nel 1984, nel primo mandato da presidente dell'IRI. Era un Paese povero, che aveva aperto una sua via allo sviluppo, aveva cambiato dottrina politica con le riforme di Deng Xiaoping e aveva archiviato per sempre il trentennio maoista e la «Rivoluzione culturale». Mi ricordo benissimo che allora i punti interrogativi, sul futuro dell'Impero del Sole, erano molto più numerosi e inquietanti dei punti esclamativi.

Pochi altri in Europa conoscono la Cina come lei, ma a questo dedicheremo un altro capitolo. Per adesso torniamo ai due giocatori. Lei conosceva bene anche l'America, anche se Romano non è mai stato l'Amerikano.

La conoscevo bene, sì. Consideri che già nel 1968 ero stato tre mesi allo Stanford Research Institute, per uno studio combinato con la Cassa del Mezzogiorno sulle nuove imprese del Sud. A due passi c'era Berkeley, dov'erano già in pieno corso le proteste studentesche e nascevano i movimenti giovanili che poi si sarebbero estesi a tutti gli atenei del mondo. Il fermento era pazzesco, si sentiva ribollire l'America più viva e più moderna, che ti coinvolgeva fino in fondo. Poco dopo, tra il 1973 e il 1974, avevo insegnato a Harvard. E poi nel 1979, cioè dieci anni prima della caduta del Muro, quando fui licenziato da ministro dell'Industria del quarto governo Andreotti, l'allora ambasciatore americano Richard Gardner, nominato dall'amministrazione Carter, mi diede un ottimo consiglio: «Stai fuori dall'Italia per un po', vai negli States, ti organizzo io un viaggio politico a Washington, te ne stai due mesi al Dipartimento di Stato, fai un po' di incontri al Congresso, vai a visitare le grandi major americane». Fu un suggerimento prezioso: ci andai, e fu una grande esperienza, anche se molto tosta. Capii i meccanismi di funzionamento del Deep State, entrai successivamente, seppure per poco tempo, nell'advisory board della General Electric e della Goldman Sachs. Insomma, cominciai a capire meglio la Corporate America. E soprattutto mi resi conto in fretta dei motivi per i quali, nella sfida a tutto campo con l'Unione Sovietica, poteva esserci un solo vincitore, come in effetti è poi accaduto.

Ecco, appunto, dell'Unione Sovietica di quell'epoca lei che ricordi ha?

L'URSS l'avevo conosciuta e frequentata più volte da presidente dell'IRI. La mia percezione era quella di un grande Paese, con livelli scientifici molto elevati, ma con un sistema industriale arretrato, di bassa qualità. Ricordo almeno un paio di episodi che la dicono lunga sullo scarso livello di efficienza produttiva dell'orso russo. Al mio primo mandato, Italsider, azienda dell'IRI, aveva ricevuto una commessa – in una cittadina che si chiamava Volžskij, a pochi chilometri da Volgograd – per costruire una grande fabbrica di tubi senza saldatura. Un impianto siderurgico molto pesante e molto complesso, che sforna enormi tubi d'acciaio sui quali si debbono poi praticare grossi fori al centro, ad altissime temperature. Ebbene, dopo due anni e mezzo di lavoro, mentre lo stabilimento era ancora in costruzione, il governo cinese ci ordinò un impianto gemello. Andammo a realizzarlo a Tianjin, lo finimmo in un brevissimo periodo di tempo e i giovani tecnici cinesi ci aiutarono a completare quello sovietico. Il secondo episodio risale a pochi mesi prima del crollo dell'impero. Approfittando di questa peculiarità tutta sovietica – cioè una nazione sterminata creatrice di scienza e di tecnologia, ma incapace di produrre in modo efficiente – decidemmo di fare un incontro con i direttori dei laboratori scientifici sovietici, per verificare se fosse possibile tirarne fuori qualche buona innovazione da utilizzare nelle produzioni italiane. Una squadra di dirigenti dell'IRI passò una settimana a Mosca per incontrare i leader dei vari laboratori. Io arrivai alla fine di questo straordinario round, quando era di turno il direttore del grande laboratorio nazionale di Vladivostok. Faceva ricerca medica, aveva inventato un'apparecchiatura per il consolidamento delle ossa dopo le fratture. Presentò un dossier scientifico di altissimo livello, spiegandolo a fondo, in ogni dettaglio possibile. Io lo ascoltai a lungo e poi, con la mia formazione da economista industriale, gli chiesi: «Molto interessante, direttore, ma mi dica, quante ne ha prodotte, di queste apparecchiature?». Lui mi guardò con aria sorpresa, quasi stranita, e mi rispose: «Una, naturalmente!». Capisce? Non aveva nessun riferimento, nessun modello organizzativo, nessuna struttura industriale in grado di tradurre la sua idea in un prodotto.

Allora, almeno sul piano della forza economica e produttiva, si parlava dell'URSS come del colosso dai piedi d'argilla…

Ed era così. Ricordo che questo deficit di capacità industriale rimase anche nei decenni successivi. Ne parlai più volte con Putin, da presidente del Consiglio e da presidente della Commissione europea. Ricordo che una volta gli dissi: «Vedi Vladimir, con i limiti strutturali che continua ad avere, la Russia non può stare da sola: o si allea con l'Europa o si lega alla Cina».

E lui come replicò?

Mi diede una risposta sorprendente: «Non venderò mai un metro cubo di gas alla Cina». Una frase che, se riferita all'oggi, fa amaramente sorridere.

Anche di questo riparleremo, ovviamente. Ma mi dica una cosa: qual era la sua idea del comunismo? Lei, emiliano, sincero democratico, cattolico adulto, cosa pensava del marxismo, dello stalinismo, del socialismo reale? Era il Male assoluto?

La mia è una posizione particolare, se vuole persino un po' originale. Naturalmente sul piano internazionale il mio giudizio sul comunismo, osservato anche con gli occhiali dell'economista, era totalmente negativo. Ma visto in un'ottica nazionale, la mia visione era più complicata, anche se inserita nel generale giudizio negativo. Dopo la caduta del Muro di Berlino ritenevo che una progressiva apertura politica a sinistra sarebbe stata indispensabile per mettere in atto le trasformazioni socioeconomiche che un grande Paese moderno, ma paralizzato dalle tensioni interne, deve avere.

Vuol dire che, sia pure da un punto di partenza più economico che politico, lei auspicava la caduta del Fattore K teorizzato da Alberto Ronchey, o quanto meno un'apertura al PCI *nell'area di governo, come alla fine degli anni Settanta stavano per fare Aldo Moro ed Enrico Berlinguer, con il «Compromesso Storico»?*

Allora la dicevo così: l'Italia democristiana, con il più forte partito comunista d'Occidente, era di fatto l'unica nazione d'Europa che si ritrovava un muro di Berlino al suo interno. Ma a differenza di quello tedesco, che divideva due Germanie diverse, quello italiano spaccava in due un Paese solo. Quindi la mia era una posizione un po' particolare, anche se molto diffusa nell'area vicina a Moro, che potremmo definire dei cattolici democratici di sinistra. Ovviamente non condividevo la tesi del pacifismo a oltranza, tesi nobile, ma impossibile e che quindi non mi trovava d'accordo allora come non mi trova d'accordo nemmeno oggi.

Lo stesso Berlinguer, nella famosa intervista a Giampaolo Pansa del giugno 1976, sul «Corriere della Sera», consumò il primo strappo con il Patto di Varsavia, pronunciando la fatidica frase «Io voglio che l'Italia non esca dal Patto atlantico... Mi sento più sicuro stando di qua».

E aveva ottime ragioni per dirlo. Allora la NATO era un organismo multilaterale assolutamente necessario. Certo, dopo la caduta del Muro parve un po' meno indispensabile, mettiamola così. Quasi che, venuta meno la minaccia sovietica, il Patto atlantico avesse esaurito la sua funzione. O la sua spinta propulsiva, per usare una formula berlingueriana. Con il senno di poi, abbiamo capito che la realtà è assai diversa. Ma allora i ragionamenti che si facevano, sul fronte occidentale, rinfrancato e rafforzato dal tracollo del suo nemico storico, erano questi.

Per tornare a Fukuyama, possiamo dire allora che la caduta del Muro di Berlino, più che far finire la Storia, l'ha ulteriormente semplificata?

Sì, ma per un periodo di tempo molto limitato. Fino al 9 novembre 1989 c'erano due giocatori in campo, che si contendevano l'egemonia planetaria. Dal 10 novembre, ne era rimasto uno solo e questo ha cambiato la natura della partita. Il mondo era diventato unipolare. Tutti, allora, ebbero la percezione di una svolta epocale, positiva per l'Occidente, naturalmente, ma anche per la Russia e i Paesi della galassia ex sovietica, che abbattuta la Cortina di ferro cominciavano a cambiare e a respirare, per la prima volta, l'ossigeno della libertà. Ecco, questo fu il senso della caduta del Muro, anche per l'aspetto teatrale con cui si verificò, con il concerto di Rostropovič che suonava Bach davanti al Checkpoint Charlie e tutta quella gente in festa che si arrampicava su quelle orribili pareti di cemento armato, le distruggeva a colpi di piccone, se ne portava via i pezzi: il trionfo della libertà, prima ancora che del liberismo economico, che ne era e ne sarebbe stata la logica conseguenza. Per questo «la fine della Storia» fu da subito qualcosa di più del titolo di un libro fortunato: in realtà era proprio quello il sentimento dell'opinione pubblica di tutto il mondo. L'idea cioè che il secolo breve era finito in anticipo e quello che stava cominciando sarebbe stato il secolo occidentale, il secolo americano, il secolo della pace, con la fine dell'incubo atomico.

Lo è stato, in effetti, per parecchi anni. Lei si aspettava, in quell'autunno di trentacinque anni fa, che il Muro sarebbe crollato dalla sera alla mattina?

Nessuno se lo aspettava! Cioè, tutti constatavamo il progressivo declino del comunismo sovietico, ma nessuno poteva prevedere uno schianto così improvviso. Molti anni dopo, da presidente della Commissione UE, lo domandai più volte a Kohl. Mi ha sempre risposto che alcuni mesi prima del crollo aveva percepito qualche segnale di cambiamento, ma niente di più. «Tre mesi prima di quel pomeriggio di novembre che avrebbe stravolto per sempre la nostra Storia» mi confidò il cancelliere «andai in visita in Germania orientale e avevo intuito che qualcosa di grosso si stava muovendo. Per la prima volta cominciavano a chiamarmi per nome, Helmut, Helmut. È una piccola sfumatura, ma non era mai successo prima. Mi sembrò un presagio.» Ma al di là di questi aneddoti, mi creda, nessuno aveva messo in conto che la svolta sarebbe successa in modo così repentino e se vogliamo anche rocambolesco.

Ma forse è stato meglio così.

Lo penso anch'io, con il senno di poi, perché proprio l'immediatezza e l'imprevedibilità dell'evento ha consentito ai popoli dell'Est, che fino a quel momento non l'avevano conosciuta, di abbracciare con il consenso e con l'entusiasmo quella benedetta democrazia di cui noi, a Ovest, eravamo i detentori. Se avessimo seguito un altro percorso, diciamo più istituzionale e ortodosso, cioè consultazioni a oltranza, magari in sede ONU, a New York o a Ginevra, riunioni fiume tra delegazioni, polemiche, veleni e veti incrociati, forse il traguardo della riunificazione delle due Germanie, e poi la fine pilotata del regime sovietico, non lo avremmo raggiunto mai.

Ecco, a proposito delle due Germanie, quelli erano gli anni in cui Giulio Andreotti, con la sua cinica realpolitik, ripeteva spesso «voglio così bene alla Germania che ne preferisco due». La riunificazione fu un atto di straordinario coraggio di Kohl, con il cambio del Marco fissato 1 a 1, ma anche la leva che consentì la nascita della moneta unica europea. Cioè, la Comunità accettava che le ferite del nazismo si rimarginassero per sempre con la rinascita di una sola, grande Germania, e in cambio i tedeschi accettavano l'Euro, rinunciando al Marco e al suo mito, forgiato nel ferro e nel fuoco dell'iper-inflazione di Weimar. Ma tutto questo sarebbe venuto dopo. Allora, con il Muro a pezzi, quale fu il suo primo pensiero?

Più che all'Europa, e alle sue tappe successive, il primo pensiero che ebbi fu proprio quello che si sarebbero dovute riunificare subito le due Germanie. Immaginavo i problemi che questo processo avrebbe comportato, anche perché su scala ridotta li vivevamo anche in Italia con la frattura economica tra Nord e Sud. Ma ero convinto che non ci fosse altra soluzione. Tenga conto che ho sempre avuto una grande attenzione alla Germania. C'ero stato da studente universitario, nel 1958, per imparare il tedesco. Ci ho lavorato da muratore, per tre mesi. E la cosa che mi colpì di più fu la capacità di assorbimento e di unificazione che aveva quel Paese delle persone che la guerra aveva tragicamente travolto. Per me, provinciale che andava all'estero per la prima volta e si ritrovava insieme a migliaia di ragazzi ritornati in Germania esuli da tanti Paesi non più sotto controllo tedesco, fu un'esperienza incredibile. E questa straordinaria forza inclusiva dei tedeschi mi ha insegnato che è possibile chiudere con un passato tragico per costruire un futuro su basi interamente nuove. Per questo motivo, quando il Muro è caduto, ho pensato subito alla riunificazione. Ero certo che l'avrebbero realizzata e che questo avrebbe contribuito a garantire una lunga stagione di pace in Europa e nel mondo. Rispetto alla sua domanda circa l'espressione di Andreotti che amava tanto la Germania da preferirne due, ricordo le tante volte in cui il cancelliere Kohl me lo ha ricordato con un misto di amarezza e di rabbia.

Poi il quadro è cambiato, abbiamo vissuto altre guerre, oggi deflagra il conflitto in Medio Oriente e riesplode l'Ucraina, lungo la faglia che divide Est e Ovest. Ci torneremo più avanti. Ma intanto le chiedo: è un paradosso, ma a conti fatti, per quanto riguarda la pace tra i popoli, aveva funzionato meglio l'equilibrio del Terrore e la deterrenza nucleare, piuttosto che il trionfo della libertà?

L'equilibrio del Terrore atomico è stato per anni una fonte d'angoscia per tutta l'umanità. Certo, aveva funzionato, nel senso che dopo le bombe su Hiroshima e Nagasaki un'altra bomba non esplose mai. Qui mi torna in mente un ricordo personale. Il primo evento di politica internazionale che mi appassionò davvero fu la crisi dei missili a Cuba del 1962. Fu lì che «l'equilibrio del Terrore» diede i suoi frutti, anche se pur sempre di terrore si trattava. I due leader, Kennedy e Chruščëv, unici protagonisti della contesa, si resero conto che tra il dialogo e la «linea rossa» Mosca-Washington da una parte, e la prospettiva dell'escalation nucleare dall'altra, la prima era più conveniente per tutti. Quella fu una lezione che poi, secondo me, ha influenzato tutte le trattative future tra le due superpotenze e gli accordi sul controllo dei rispettivi programmi nucleari.

E quale lezione trae, dalla crisi dei missili a Cuba?

La riflessione che mi sta più a cuore, e che vale per allora e per oggi, è racchiusa in una frase del presidente Kennedy quando sosteneva che il compito di una sana politica estera non era quello di imporre il proprio credo e le proprie regole, seppure nobili come le regole democratiche, ma di preparare il terreno per fare vivere insieme, in modo compatibile, le tante diversità esistenti. Perché Kennedy non rispose con un attacco militare alla minaccia degli S-75, degli R-12 e dei P-15 sovietici installati lungo l'isola con il benestare di Fidel Castro e puntati contro gli Stati Uniti? Perché preferì la dissuasione, mantenendo uno status quo, imperfetto quanto si vuole, ma sempre preferibile a una guerra disastrosa? La risposta è nell'essenza della democrazia, che per me riposa proprio sulla capacità di far coesistere sistemi politici ed economici diversi. È come un ponte, un'infrastruttura sulla quale possono transitare tutti, camion, automobili, biciclette, pedoni. Ognuno ha il diritto di passare. Quello che conta davvero non è la natura del veicolo, ma il rispetto delle regole del traffico. Ecco, la crisi dei missili a Cuba e il suo esito dimostrano che nelle relazioni internazionali si possono e si devono trovare compromessi e sottoscrivere patti utili all'intera collettività, a condizione che prevalga il realismo, non la dottrina e l'ideologia.

Ma allora, tornando alla caduta del Muro, si può dire che tutto quello che è avvenuto dopo – cioè la vittoria di uno solo dei due giocatori in campo, il trionfo della libertà sul comunismo, l'affermazione di un solo modello sociopolitico-economico, quello capitalista – ha finito per incarnare a sua volta una «dottrina totale», un dispositivo egemonico forse troppo autocentrato, contro cui oggi si ribellano tutti coloro che non ne fanno parte, per cultura e per natura, come l'Est russofilo e il Sud globale?

Parliamoci chiaro, che esista una valore etico-politico che ritengo superiore nel modello liberaldemocratico è per me un principio irrinunciabile e un dato di fatto. Ma da qui a pensare che questo modello debba essere elevato con la forza a sistema universale, trasformato nell'unica dottrina esistente e magari anche esportato con la forza nel resto del Mondo, ce ne corre. La democrazia non si impone e si esporta solo con la democrazia: qualcuno te la deve chiedere, non sei tu che gliela puoi imporre.

Il tema dell'esportazione della democrazia, con la guerra in Iraq e in Afghanistan, lo riprenderemo poi. Ma intanto possiamo dire che l'Occidente questo peccato di superbia lo ha commesso?

Nel momento del trionfo della democrazia ci siamo preoccupati solo di autocelebrarci e non ci siamo posti il problema di preparare il terreno politico, sociale ed economico della convivenza successiva, tra noi europei e i popoli che uscivano dalla dittatura comunista e tra noi occidentali e i popoli che appartengono ad altre culture politiche e religiose.

C'è un'altra questione interessante da approfondire, parlando di quel momento esatto in cui l'Occidente ha creduto di aver preso in mano definitivamente la fiaccola della civiltà. Il mio dubbio riguarda l'Europa, che pure aveva patito sulla sua carne viva tutte le tragedie del Novecento, le due guerre mondiali, il nazifascismo e poi la cappa di piombo della dittatura comunista. Torno a quell'incredibile pomeriggio del 9 novembre 1989 a Berlino, quando il grigio funzionarietto e portavoce della DDR, *Günter Schabowski, rispondendo in conferenza stampa a una domanda del corrispondente dell'*ANSA *Riccardo Ehrman, senza rendersene conto abbatte il Muro e annuncia la fine del comunismo. «Ah – dice nel tono freddo e asettico del burocrate – oggi abbiamo anche deciso su un nuovo regolamento che rende possibile per ogni cittadino della Repubblica Democratica Tedesca di... uscire attraverso i posti di confine... della Repubblica Democratica Tedesca...» Un altro cronista gli chiede da quando avranno effetto le nuove misure. E il povero* apparatcik *Schabowski, sempre più impacciato e confuso, compulsa le carte, cerca un appiglio e alla fine dice l'indicibile: «Che io sappia dovrebbero avere effetto immediatamente, da ora». Poche ore dopo i tedeschi dell'Est e dell'Ovest, increduli e ubriachi di felicità, si abbracciavano ai checkpoint, si baciavano e cantavano l'*Inno alla gioia *davanti a quel Muro che li aveva terrorizzati e lacerati per quasi trent'anni. Era tutto finito, e tutto ricominciava. Ecco,* *professor Prodi, la mia curiosità è questa: possibile che subito dopo – nella* CEE, *come si chiamava allora – nessuno si rese conto che proprio da lì, in mezzo a quelle rovine, si sarebbe dovuta costruire finalmente una nuova Europa compiutamente federale, quella sognata a Ventotene da Altiero Spinelli, per farne il secondo pilastro di un Occidente altrimenti a trazione esclusivamente americana?*

Le rispondo che allora effettivamente nessuno si pose il problema. E non per difetto di analisi, ma per inesistenza del problema. Voglio dire che in quei giorni c'era davvero un'enorme gioia collettiva, che nasceva da una consapevolezza: non era solo l'Impero americano che aveva piegato quello sovietico, ma era l'Europa che aveva vinto se stessa. Non era più solo John Kennedy che andava a Berlino e diceva «Ich bin ein Berliner». Era Helmut Kohl, un grande leader tedesco, che parlava a un popolo che di lì a poco si sarebbe finalmente riunificato e pacificato. In quel momento, insomma, non c'era minimamente la percezione che sarebbe cominciato il Secolo americano e che l'Europa sarebbe diventata una semplice ruota di scorta. Certamente era stata la forza degli Stati Uniti ad avere la meglio sulla debolezza russa, ma dall'esito vittorioso di quella contesa sarebbe nata sicuramente anche una grande Europa: questo era il sentimento allora dominante. E attenzione, non era solo un auspicio, o una scommessa. L'Europa di quel periodo era un continente trainato da una crescita fortissima: io da professore universitario e da presidente dell'IRI, ero tra coloro che conoscevano meglio l'industria europea e la sua trasformazione in atto. La mia tesi, che poi si rivelò giusta, era che già sul finire degli anni Ottanta i singoli Stati membri stavano accelerando sulle politiche industriali nazionali, per poi essere protagonisti della futura politica economica europea. Era la fase in cui si creavano le compagnie di bandiera e nascevano le grandi holding industriali. In Italia l'avevano fatto le partecipazioni statali, con l'IRI e l'ENI, e tra i privati l'avevano fatto la FIAT, la Pirelli e via via tutti gli altri campioni nazionali. Insomma, nello scenario postsovietico, avevamo in mente un'Europa naturalmente amica degli Stati Uniti, ma dotata di una sua grande forza autonoma.

Alleati, ma non sudditi: si potrebbe dire così?

Esattamente. Questo era quello che pensavo e che ho sempre cercato di perseguire. Questo obiettivo, non ancora raggiunto, deve essere il compito principale del progetto europeo.

Possiamo dire che fin dall'inizio si capì che non sarebbe riuscito? Anche perché, tramutatosi in un incubo il sogno del comunismo – al quale comunque avevano creduto per anni le masse popolari e diseredate di tutto il mondo – quello che si impose subito è il capitalismo spiccio che presto diventerà turbo-capitalismo, e un libero mercato senza regole che presto diventerà mercatismo selvaggio. Lei, che ha scritto un saggio sul «capitalismo ben temperato», come ha vissuto quel passaggio?

L'ho vissuto male. Tenga conto che la mia formazione non era certo indifferente ai vantaggi del libero mercato e ai problemi generati dalle chiusure e dal protezionismo. La mia stessa tesi di laurea fu proprio dedicata all'analisi delle conseguenze negative del crescente protezionismo nell'Italia dopo l'unificazione. Nel 1989 si stava tuttavia già passando ogni limite. Camminavamo ciecamente già da anni sull'abbrivio delle esagerazioni liberiste introdotte nel Regno Unito da Margaret Thatcher, dal 1979, e negli Stati Uniti da Ronald Reagan, dal 1981. Io ero imbestialito con tutti e due, perché per il mio background non potevo proprio tollerare uno slogan come «non esiste la società, esistono solo gli individui». Per me quello era un principio inaccettabile sotto ogni profilo: culturalmente, moralmente, direi persino fisicamente. D'altra parte avevo guidato un grande gruppo pubblico e in quel ruolo avevo tessuto relazioni forti e feconde con i poli privati. Ho sempre creduto nelle virtù dell'economia mista e nella forza di un capitalismo che poggiasse su un pilastro pubblico e su un pilastro privato. Apro una parentesi: nessuno lo ricorda, ma ritenevo talmente strategico il rapporto pubblico-privato che fui proprio io a sciogliere l'Intersind e a far confluire nella Confindustria le aziende dell'IRI, che non a caso oggi ne costituiscono l'asse portante. Senza ironia, si può dire che il salvatore di Confindustria sono stato proprio io. E chiudo la parentesi.

In fondo il suo era un paradigma che esisteva già in Europa, e che avrebbe resistito ancora a lungo alle pressioni del capitalismo arrembante: la «Soziale Marktwirtschaft», il modello renano dell'economia sociale di mercato.

Direi proprio di sì. Nonostante nella mia formazione abbia influito molto anche la scuola anglosassone, nella mia dottrina economica ho sempre guardato più alla Germania: e dunque una solida economia di mercato, basata sulla conoscenza e sulla solidarietà, e regolata da uno Stato altrettanto forte, soprattutto nel suo ruolo di arbitro.

Sta di fatto che la sua teoria di economia mista e di capitalismo ben temperato esce a pezzi da quella stagione. Le grandi speranze svaniscono presto. È in quel periodo che si gettano le basi per lo svilimento del lavoro, che poi sarebbe diventato pura commodity, per lo smembramento del Welfare, di cui poi si aggrediranno gli istituti, e per lo svuotamento dell'economia reale, che poi sarà soverchiata da quella di carta e dalla finanziarizzazione massiccia. Non è così?

Sì, è così. Ma io allora non lo credevo possibile. Mettiamola così: sapevo che sostituendo le regole di un'economia equilibrata fra pubblico e privato con quella del valore teologico del libero mercato si stava imboccando una strada pericolosa, ma non pensavo proprio che avrebbe riscosso tanto successo tra le forze politiche e le classi dirigenti. Altrimenti non mi sarei lanciato nell'avventura dell'Ulivo, che aveva come obiettivo prevalente la realizzazione di un patto sociale su basi totalmente diverse da quelle del vecchio consociativismo paralizzante e del nuovo liberismo trionfante!

Le butto là un'altra provocazione. Muore il comunismo, nasce il pensiero unico liberal-liberista. Di fronte a quell'epifania, che vede l'establishment occidentale irresistibilmente attratto dalle sorti magnifiche e progressive, l'unica voce critica che si leva dalle rovine ancora fumanti del Muro è quella di un papa polacco che, pur avendo patito sulla carne viva i morsi feroci dell'orso sovietico, lancia il suo avviso ai governanti: «Attenti, signori al potere, è morto il comunismo, ma non le ragioni che lo hanno reso un'istanza di giustizia sociale e una speranza di emancipazione dal bisogno per milioni e milioni di ultimi della terra». È stata una di quelle profezie che si autoavverano. Solo Giovanni Paolo II aveva intuito che un capitalismo al cubo, senza freni e senza limiti, avrebbe fatto esplodere disuguaglianze insostenibili e incubato rabbie sociali e derive populiste?

È vero, Wojtyła insisteva molto su questi problemi. Ma il suo, più che un anatema politico, era un monito spirituale. Il papa ovviamente non entrava nel dettaglio dei sistemi di funzionamento del capitalismo in senso stretto, ma si preoccupava della cura delle anime. Il suo – voglio dire, senza sminuirne la portata – era un messaggio religioso-culturale, di unità e di fratellanza. Certo, c'era anche un riferimento ai rapporti socioeconomici, ma non era questo il suo orizzonte. Sempre nei miei primi anni all'IRI avevo avuto con lui diversi colloqui, molto stimolanti e interessanti. Un paio di volte mi aveva chiamato a Castelgandolfo, perché voleva parlarmi dei giovani, voleva sapere cosa facevano i miei studenti e i miei ex laureati. Fu significativo il modo in cui giustificò questa sua curiosità: «Sa, professore, le faccio questa domanda perché in fondo io conosco solo i contadini e gli operai delle fabbriche». È una frase che non si dimentica. Il libero mercato, l'innovazione tecnologica, le relazioni industriali: era un mondo per lui totalmente sconosciuto. Quindi l'uguaglianza e la solidarietà gli stavano a cuore più come valori universali, che non come principi minacciati dalla fase storica postsovietica. Il comunismo, per lui, restava un fantasma ricorrente. Ricordo la volta in cui mi fece la famosa battuta: «Professore, lei è emiliano. Si dice sempre che l'Emilia è rossa. E allora come la mettiamo con il comunismo? Qui va in crisi la famiglia!».

E lei cosa gli rispose?

Lo sorpresi: «Santità, io sono l'ottavo di nove figli!». Poi però sottolineai un fenomeno che cominciavo a intuire già allora e che oggi è diventato un'emergenza drammatica: «A parte la mia famiglia, è vero che in Emilia, ma non solo, si fanno meno figli. Il mondo per secoli si è sviluppato in un equilibrio fra alte nascite e alte morti. Da sette-otto generazioni l'equilibrio è cambiato: abbiamo avuto alte nascite e basse morti. Se in futuro andassimo verso una demografia di basse nascite e basse morti, secondo lei, Santità, sarebbe contro la dottrina cristiana?». Stavolta fu la sua risposta a sorprendere me: «Caro professore, lei ha ragione a chiedermelo, e io le aggiungo che la Carità si può esercitare anche con gli anziani». Insomma, Giovanni Paolo II partiva sempre dal profilo filosofico e spirituale degli assetti della società. Non era un papa «politico», se non su un aspetto più specifico: un duro anticomunismo, unito a un desiderio vibrante di unità dell'Europa, dentro la quale voleva pienamente integrata la sua Polonia.

Comunque, la cosa stupefacente è che nemmeno un Paese come l'Italia, con la più diffusa rappresentanza sindacale e la più massiccia matrice che allora si sarebbe definita catto-comunista in Europa, riuscì a costruire e ad affermare un suo modello di capitalismo più mite, in grado di rispettare le istanze di equità sociale e di coniugare le presenze del regolatore pubblico e dell'attore privato.

Non ci siamo riusciti. Io ci provai all'IRI, dove dovetti scontrarmi con i poteri forti e i «salotti buoni», che allora esistevano davvero. Poi soprattutto anche al governo, dove raggiungemmo risultati importanti, con l'ingresso nella moneta unica insieme al gruppo di testa dei Paesi fondatori. Ci torneremo. Ma intanto qui mi preme dire che quello che mancò allora al nostro Paese, e in fondo continua a mancare, fu l'assenza dell'unità sindacale. E questo è un cruccio che mi porto dietro da tutta la vita. Ma a pensarci bene, anche la mancata unità sindacale affondava le sue radici in una diversa visione del ruolo dell'Italia nella politica internazionale. Per la CGIL, quelli erano gli anni del sindacato «cinghia di trasmissione» del partito, cioè del PCI. Per la CISL, quando andavo a fare qualche lezione nella villa della Confederazione, a Fiesole, tutti ricordavano sempre che era stata donata loro dai sindacati americani. È evidente, insomma, che persino l'azione distinta dei sindacati confederali rifletteva gli schemi della Guerra Fredda. Il problema è che le divisioni sono rimaste anche quando la Guerra Fredda era finita. È caduto il Muro di Berlino, ma non è caduto il muro che divide corso Italia da via Po. Ma questa è un'altra storia.

SECONDA PARTE

Viaggio nella Fine del Mondo

1

Il rancore postsovietico: sangue e suolo nella ex Jugoslavia

Professor Prodi, tirando le fila di questa prima parte del nostro ragionamento, adesso la possiamo mettere così. In Occidente – come abbiamo visto – ci cullavamo nell'illusione che al di là del Muro crollato, scavalcati gli ultimi detriti rimasti per terra, avremmo trovato solo le verdi vallate delle democrazie liberali e delle società aperte. In realtà la Storia non era affatto finita. All'opposto, ci stava preparando nuove, scioccanti sorprese. Sotto le rovine, per usare la metafora marxiana, parecchie talpe stavano già scavando. La Russia, non più sovietica, viveva una transizione piena di tensioni e di contraddizioni. La fuoriuscita dal comunismo era tutt'altro che lineare, le riforme politiche non marciavano e quelle economiche parevano fuori controllo. Al tempo stesso, nella ex Jugoslavia, covavano i focolai di una guerra sanguinosa, alle porte di quell'Europa Felix che credeva di averne debellato per sempre le tossine novecentesche. I Paesi satelliti, ormai svincolati dal giogo di Mosca, si massacravano in nome di nazionalismi atavici ed esasperati dalle diverse tradizioni etno-religiose. Su un altro asse geografico, nel frattempo, proprio la religione incubava un'altra vendetta: sulla scena irrompe l'Islam radicale, e la rabbia antioccidentale diventa carburante per i due aerei lanciati dai jihadisti come missili contro le Twin Towers, al grido di Allahu Akbar. *Di lì in poi, terrore globale, attentati kamikaze nelle capitali europee, la devastante reazione occidentale: guerra in Afghanistan e in Iraq e piani velleitari di «esportazione della democrazia». Tutto contribuisce alla cova delle uova del nuovo serpente: dalle ceneri di Al Qaeda rinasce l'*ISIS. *Ma alla fine, la constatazione più amara è una sola: il denominatore comune dell'Est umiliato e del Sud globale è proprio l'odio per l'Occidente. La convince questa ricostruzione sommaria?*

In linea di massima, sì. NATO e libero mercato avevano adempiuto perfettamente al loro compito. Ma per molti versi i problemi più seri iniziarono proprio allora.

Partiamo dalla Russia postsovietica. Arriva Gorbačëv, e lancia la Glasnost e la Perestrojka. Sembra la svolta, la rinascita, l'inizio di una nuova era. Lei aveva questa impressione?

In quei primi anni – come la stragrande maggioranza della comunità internazionale – io avevo una simpatia naturale per Gorbačëv, credo anche ricambiata. Rappresentava il volto umano del cambiamento e della pacificazione. Voleva trasformare il suo Paese non per banale convenienza, ma perché la sua vita precedente lo spingeva verso le riforme, in un regime che non poteva più stare in piedi né sul piano politico né su quello economico. La semplicità e la schiettezza dei suoi discorsi ambivano ad archiviare per sempre il dispositivo del potere sovietico, misterioso e terribile. Facevano giustizia di tutti gli *arcana imperii* che il Cremlino e la Lubianka, il Politbjuro e il KGB, avevano elaborato e custodito per ottant'anni. A questo aggiungiamo il volto fresco, giovane e sempre sorridente di Raisa, la prima first lady di un Paese che non ne aveva mai conosciuta una e che riscuoteva curiosità e ammirazione ovunque. Anche lei ha aiutato molto Gorbačëv a rifondare e accreditare nel mondo l'immagine della nuova Russia.

Ma già allora il dubbio di molti era questo: è davvero nuova, la Russia di Gorby?

Si vedeva che lui era animato dalle migliori intenzioni, ma si percepivano anche le difficoltà che incontrava nel confronto e nel conflitto con i vecchi apparati. Le racconto questo aneddoto. Negli ultimi mesi del governo De Mita – parliamo della primavera 1989, poco prima dell'autodistruzione dell'URSS – andammo in delegazione a Mosca, con il presidente del Consiglio, diversi ministri ed esponenti del mondo dell'industria. Anche quella volta, io andai come presidente dell'IRI. Eravamo seduti intorno a un enorme tavolo, al Cremlino, De Mita mi aveva presentato a Gorbačëv come economista e a un certo punto lui con aria divertita mi chiese: «Allora, professore, ci spiega qual è la differenza tra il comunismo e il capitalismo?». Io feci un bel respiro e gli dissi: «Presidente Gorbačëv, lei come ogni buon russo sarà sicuramente un cacciatore, o almeno un amante della caccia, giusto?». Lui confermò: «Sì, amo molto la caccia, ma questo cosa c'entra?». Io replicai: «Prima di risponderle, chiedo io a lei di rispondere a un'altra mia domanda: perché il cane corre più forte della lepre, ma non la raggiunge mai?». Lui mi guardò un po' interdetto: «Be', me lo spieghi lei». E io spiegai: «Perché il cane lavora sotto padrone, mentre la lepre lavora in proprio. Ecco la differenza tra comunismo e capitalismo». Fece un bel sorriso ma poi, semi-serio, aggiunse: «Mi dà il permesso di ripetere questa storiella al Soviet Supremo, domani?». E io conclusi: «Faccia pure, presidente!». Questo, tanto per dire quanto era complicato, e per molti versi anche rischioso, il suo lavoro di rinnovamento, dentro strutture sclerotizzate e abituate da sempre a ragionare e a lavorare con i metodi e con i tempi di una dittatura.

Ma anche dopo il Muro, la speranza che Gorbačëv riuscisse a far uscire l'orso russo dal letargo e a farlo entrare nella comunità internazionale con un ruolo nuovo e diverso, almeno per un po' aveva resistito.

Sì, aveva resistito. E il motivo, come abbiamo visto in precedenza, è che immaginavamo di poter utilizzare la metafora di Fukuyama per il bene comune. In fondo l'affermazione delle democrazie liberali e la Perestrojka di Gorbačëv erano la conferma del mio punto di vista, e cioè il fatto che da quel momento in poi l'umanità avrebbe potuto vivere in pace e convivere con sistemi politici ed economici diversi. Bastava rispettare le regole del gioco, e il gioco era il nostro, il libero mercato e la società aperta. È come nei campionati sportivi: quando un modello di squadra si impone e trionfa, allora anche gli altri si adeguano, i moduli di gioco, il metodo degli allenamenti e così via. La Cina aveva già cominciato a farlo, e infatti cresceva a vista d'occhio. La Russia faticava di più, ma tutti speravamo che Gorbačëv ce la facesse.

Non andò così. I sabotaggi interni, le lotte fratricide nel PCUS*, i primi moti di ribellione nel Caucaso e nelle Repubbliche baltiche, il tentato golpe dei comunisti conservatori, le riforme economiche bloccate tra tentativi di liberalizzazioni e restaurazioni collettivistiche: il 15 ottobre 1990 Gorbačëv vinse il Nobel per la Pace, ma il 25 dicembre 1991 gettò la spugna e si dimise da capo dello Stato, il Partito comunista fu messo al bando, i suoi beni confiscati. Fu l'ultimo atto prima del vero cambiamento, o la Russia era di nuovo nel caos?*

Forse tutte e due le cose. In Russia oggi tutti pensano che Gorbačëv abbia commesso solo una lunga sequela di errori. A Mosca il suo nome non si può neanche pronunciare per quanto rancore portano tanti russi verso di lui. Molti pensano che – suo malgrado, forse a sua insaputa – sia stato un burattino in mano agli americani.

E lei condivide questo giudizio così severo?

Difficile dirlo, troppe cose di quel periodo non le conosciamo e fanno ancora parte dei segreti del regime. In linea generale, trovo che le critiche che sento rivolgere a Gorbačëv siano esagerate e anche ingenerose. Le voglio raccontare un altro ricordo personale, forse l'ultimo che conservo di Michail: nel 1999 mi volle venire a parlare personalmente. Voleva dirmi una cosa che considerava molto importante: «Romano, in Russia sta salendo al potere un uomo che ha un curriculum per voi europei e occidentali molto brutto, che voi criticherete e avverserete, perché arriva dal KGB. Ma io ti assicuro che è l'unico leader che può salvare la Russia, e farla rimanere amica dell'Europa. Si chiama Vladimir Putin».

E lei cosa rispose?

Non sapevo proprio cosa dire. Era la prima volta che sentivo quel nome. Ma per inquadrare il personaggio Gorbačëv, e poi per tutto quello che sarebbe accaduto negli anni successivi, l'episodio è piuttosto sorprendente. In seguito, Gorbačëv e Putin si scontrarono e ruppero i loro rapporti. Ma a conti fatti, con il solito senno di poi, ho pensato che in quel momento si fosse aperta una finestra di opportunità, per il destino della Russia e per i rapporti tra la Russia e l'Occidente. Purtroppo si è progressivamente richiusa, e l'occasione è andata persa.

Anche perché, nel frattempo, la Russia nel marasma ci precipitò davvero. Il 19 agosto 1991, mentre Gorbačëv è in vacanza con la famiglia nella sua dacia a Foros, in Crimea, l'allora presidente della Repubblica russa Boris Eltsin si arrampica su un carro armato nella piazza davanti alla Duma, legge a trentamila manifestanti la dichiarazione con la quale condanna il tentato golpe dei conservatori del PCUS, dei funzionari del KGB e dei militari, e di fatto prende in mano le sorti di uno Stato fallito. Pochi giorni dopo il provinciale che arriva dagli Urali, nato nel villaggio di Butka, nell'Oblast di Sverdlovsk, con cinque bypass al cuore e la passione per le donne e la vodka, liquida Gorbačëv e assume il comando della nuova Russia, che manterrà tra cadute e risalite fino al dicembre 1999. Quanto ha contributo quella parentesi così magmatica alla mancata ricomposizione della frattura tra Est e Ovest?

Non c'è dubbio che la parentesi di Eltsin sia stata un mezzo disastro. Al di là di ogni altra considerazione, diciamo che in quel periodo tutte le cancellerie occidentali ebbero la sensazione di avere a che fare con un personaggio particolare, anche molto divertente, ma decisamente inadeguato a rappresentare la Russia. Capivamo tutti che non era proprio in grado di comprendere da un lato le criticità di un Paese in transizione come il suo, dall'altro le complessità delle nuove regole di convivenza di cui la comunità internazionale iniziava a discutere in quel periodo. Anche in questo caso, mi capita sempre di raccontare un paio di episodi molto significativi. Il primo è del 1997, io ero presidente del Consiglio, Eltsin viene a Palazzo Chigi, facciamo un incontro di lavoro e poi pranziamo amabilmente, lui con sua figlia, io con Flavia, e insieme a noi i due ambasciatori a Roma e a Mosca. All'improvviso lui sbianca, diventa pallido come un lenzuolo, sta per svenire, arrivano due uomini e lo portano via, mentre sua figlia continua a chiacchierare con noi, come se niente fosse. Dopo una mezz'ora torna e si risiede a tavola, gioviale come sempre, fino alla fine della colazione. Solo in seguito ho saputo che nel cortile di Palazzo Chigi c'erano in sosta per lui due ambulanze, pronte a intervenire.

Potenza delle «security»...

Mai come quella di Bush. Quando venne ospite a Roma, sempre a Palazzo Chigi, i suoi agenti entrarono in cucina per assaggiare il cibo, prima che la colazione iniziasse.

Caspita, come gli imperatori dell'antica Roma...

Lei scherza, ma io ricordo le arrabbiature furibonde della nostra bravissima funzionaria del Cerimoniale, mentre le dicevo: «Calma, signora, calma, non se la prenda così».

E il secondo episodio con Eltsin?

Anche questo lo racconto sempre. Siamo a Parigi, in un vertice importantissimo tra la NATO e la Russia. Per inciso, gli incontri tra NATO e Russia erano un momento, ma fuggente, e infatti ci sfuggì. Chirac apre i lavori con un discorso dei suoi, che trasuda solennità e grandeur: «Io amo la Russia, da giovane tanta parte della mia formazione culturale e persino musicale è cresciuta grazie ai grandi russi, da Dostoevskij a Tolstoj, da Rachmaninov a Stravinskij». A quel punto Eltsin si alza in piedi e tutto infervorato comincia a declamare: «Anche io amo la Francia, anche io da giovane studente capivo che la grande Europa doveva tanto ai grandi francesi, Rubens, Rembrandt, Van Gogh». A quel punto, nell'imbarazzo generale, il primo ministro olandese, il socialista Wim Kok, mi dà un calcio sotto il tavolo e mi sussurra: «Sono tutti olandesi: devo intervenire secondo te?». E io: «Per carità, zitto, fai finta di niente, passerà anche questa nottata». E infatti passò. Ma non prima che ci rendessimo conto che Eltsin non avrebbe potuto governare un Paese così grande e importante come la Russia. Con lui la Russia non sarebbe andata da nessuna parte.

Sulla Russia torneremo presto, per parlare di Putin e di quel che è accaduto in Ucraina. Ma intanto restiamo sulle tragiche faglie che iniziano ad aprirsi, in quelle verdi vallate della nostra grande illusione. Siamo alla guerra nell'ex Jugoslavia. La ferocia di quel conflitto resta impressa nella nostra memoria. L'odio religioso, la furia della pulizia etnica di Milošević e Karadžić, il massacro di Srebrenica, le mattanze di civili sbranati dalla Tigre Arkan come ai tempi degli ustascia filonazisti della Seconda guerra mondiale. Come ha scritto Federica Manzon in Alma, *uno dei più bei romanzi mai scritti su quell'orrore, è la geografia che si prende la rivincita sulla Storia, i confini che tornano a dividere la memoria, in nome della quale si disseppelliscono i morti invece di lasciarli riposare in pace e si riaprono conti che erano stati miracolosamente chiusi. Gli stupri di massa, le fosse comuni, i cecchini sui tetti dei palazzi, le bombe sui mercati di Sarajevo. Come siamo potuti arrivare a tutto questo, in una terra divisa solo da un sottile braccio di mare dall'Italia?*

La crisi dei Balcani manda in frantumi l'equilibrio post Muro che ci pareva solido e invece era maledettamente fragile. La guerra nella ex Jugoslavia fu uno shock incredibile provocato da una disastrosa serie di errori. Squassava il cuore d'Europa, e non solo.

Si è sostenuto da più parti che il braccio di ferro sull'intervento militare in Serbia sia stato alla base della caduta del suo governo, ma ne discuteremo poi. Intanto mi preme capire come vide e come visse lei, da Palazzo Chigi, quella prima grande crisi internazionale.

Qui ci vuole una premessa obbligatoria. Il protagonista assoluto di quella fase fu Bill Clinton, presidente degli Stati Uniti dal gennaio 1993. Con lui avevo un rapporto molto forte, che era nato e si era consolidato già dai tempi della crisi iraniana. Io fui l'unico leader occidentale ad andare in visita ufficiale in Iran, ma non prima di aver intrattenuto due o tre scambi con Clinton. Lui non era convinto che l'Occidente dovesse dialogare con Teheran. Khomeini aveva già radunato attorno a sé altre forze fondamentaliste nell'area, e per Washington era già uno Stato canaglia che organizzava e finanziava il terrorismo jihadista. Io lo capivo ed ero d'accordo con lui, ma ho sempre considerato l'Iran un Paese di grande civiltà e di grande cultura: lo conoscevo dai tempi dell'IRI, avendo avuto allora infiniti incontri-scontri per la costruzione della diga del porto di Bandar Abbas. Gli iraniani, tra l'altro, non hanno mai pagato per l'acciaieria che abbiamo realizzato a Esfahan, una delle più belle città del mondo. Nonostante questo, pensavo che con quei Paesi si dovesse trattare. A maggior ragione, sul conflitto nei Balcani ero molto, molto prudente: la ex Jugoslavia era pur sempre un nostro vicino di casa, che prima o poi avrebbe dovuto diventare un fratello.

Ma quando tra gli alleati euroatlantici si comincia a discutere di un intervento NATO *la sua resta prudenza, o diventa qualcos'altro?*

Non ho alcuna difficoltà a dirlo: io non ero favorevole.

Chiaro, la guerra non piace a nessuno. Ma vedeva anche lei, ogni giorno, le immagini terribili che arrivavano dalla Bosnia e dalla Serbia, dalla Croazia al Kosovo, da Sarajevo a Srebrenica, da Mostar a Pristina. Scene di una ferocia impensabile. Come si poteva osservare, senza fare nulla?

Certo che si doveva fare qualcosa! Ma non i bombardamenti. Ero certo che avrebbero aperto altre ferite che infatti non si sono mai veramente rimarginate. Ero convinto che avrebbero ritardato per un tempo imprecisato quello che per me avrebbe dovuto essere il passaggio successivo, rapido e indolore, cioè l'ingresso dei Paesi della ex Jugoslavia nell'Unione Europea.

E se non i bombardamenti, cos'altro? Potevamo mettere fiori nei nostri cannoni?

Guardi – forse da sognatore, forse da dilettante – io fin dall'inizio ero a favore di un invio massiccio di truppe di interposizione tra i contendenti. Io volevo truppe di pace, per portare una pace vera e poi negoziare una revisione condivisa dei confini delle vecchie repubbliche. Pensavo a un Kosovo indipendente, mi si obiettava che però lì dentro viveva una piccola enclave serba, con i suoi monumenti, la sua storia, i suoi simboli religiosi. Rispondevo che allora diventava necessario correggere i confini esistenti, ma le diplomazie ribattevano che così sarebbe saltata la dottrina generale che regola la geopolitica del mondo.

Professore, siamo onesti: i caschi blu l'ONU li aveva pure mandati, ma ci ricordiamo tutti la vergogna di quel contingente olandese che l'11 luglio 1995 guarda da una collina l'eccidio mostruoso di Srebrenica e non muove un dito, mentre i carnefici di Mladić massacrano 8372 musulmani di Bosnia...

Un episodio mostruoso. Ormai, purtroppo, era tardi per fare qualunque cosa. Occorreva agire prima. Ne avevo parlato più volte anche con l'allora segretario generale dell'ONU, Kofi Annan, che aveva apprezzato il coraggio con il quale avevamo gestito l'emergenza dei migranti dall'Albania. Io lo sollecitavo sull'invio di truppe di pace. Gli dicevo: «Guardi che in Bosnia il presidente della Repubblica, il presidente del Consiglio, il primo ministro, il presidente del Parlamento non si parlano tra loro». Lui si meravigliava, ma io insistevo: «Bisogna pensare di destinare la parte serba alla Serbia, la parte croata alla Croazia e fare di Sarajevo una repubblica indipendente». E lui: «Scherza? Non vorrà davvero creare una Gaza in Europa?». Io non mollai: «Signor segretario, in Europa, con il tempo, anche una Gaza si trasforma in un Lussemburgo!». Lui sorrideva. E diciamo la verità, c'era anche una componente di ingenuità nelle mie posizioni, considerata la complessità della crisi della ex Jugoslavia e la debolezza delle Nazioni Unite. Ma l'Europa, e soprattutto l'Italia, in quella crisi, ebbero purtroppo un ruolo marginale. E io, da capo del governo, sostenevo cose che non avevo la forza di poter implementare con i nostri alleati. Era il momento del machismo, di una teoria interventista radicale, fondata soprattutto sul ruolo militare della quale fu interprete Clinton, con il pieno sostegno di Blair.

Lei sta dicendo che in quel frangente, sulla rotta euroatlantica e forse anche dentro al suo governo, volavano i falchi e non le colombe?

È così.

E chi erano i falchi, in Italia e nella sua maggioranza?

Non rivelo nulla di nuovo nel ricordare che vi erano radicali differenze tra D'Alema e me. Ma attenzione, non perché non fossi convintamente atlantista: lo sono e lo sono sempre stato fin da ragazzo, quando all'Università Cattolica non seguivo le proteste antiamericane dei sessantottini. Non sono mai stato contro la NATO.

Sono convinto da sempre che l'Europa debba essere alleata degli Stati Uniti, dentro al Patto atlantico. Ma come le ho già spiegato, per il mio DNA culturale e politico ho sempre ritenuto che essere alleati non significhi essere sudditi. È molto complicato parlare di «parità», ma ho sempre immaginato che con gli amici americani si debba collaborare, ma avendo ben chiara la nostra identità e, come si dice oggi, con la schiena dritta.

Vuol dire che quando mandammo i caccia su Belgrado, nel passaggio dal governo Prodi al governo D'Alema, ci inchinammo a Washington?

Non era facile opporsi. Per me era stato più facile per una ragione molto semplice: non ero mai stato comunista. Quindi non avevo proprio nulla da farmi perdonare da Washington. In politica internazionale non ho mai avuto chiese, sono sempre stato un «laico», ho sempre creduto che quando si applica una «teologia» si rischia di fare solo danni. Anche quando si agisce animati dalle buone intenzioni, come sicuramente è accaduto nel caso della ex Jugoslavia, dove abbiamo mandato i caccia per fermare il bagno di sangue, per ripristinare la giustizia, l'equità, il diritto. Con quella scelta, abbiamo risolto un problema, ma non abbiamo sciolto i nodi più profondi e duraturi che adesso, non a caso, tornano al pettine.

2

La rabbia dell'Islam e l'11 settembre

Facciamo un salto temporale, ma non certo logico né geostrategico. Mentre scatta paradossalmente proprio nelle sinistre riformiste al potere in America e in Gran Bretagna questa fase assertiva – se non addirittura machista in politica estera, come l'ha definita lei – il mondo islamico non sta a guardare. Al contrario. Il fermento è ovunque. Gli Stati Uniti non comprendono come negli anni stia montando la minaccia qaedista. Avevano finanziato copiosamente Osama bin Laden, sul finire degli anni Ottanta, per supportare la resistenza dei mujaheddin in Afghanistan, in funzione anti URSS. *Ma non si erano accorti che nel frattempo le cose stavano radicalmente cambiando. Dopo nove anni di sanguinosa invasione, il 15 febbraio 1989, in parallelo con gli anni del crollo dell'impero sovietico a Mosca, il generale Boris Gromov, ultimo comandante della 40esima armata, attraversa simbolicamente il ponte sull'Amu Darya, come «ultimo soldato sovietico a lasciare l'Afghanistan». Da quel momento in poi, Bin Laden rivede i suoi piani. Il nemico non è più l'Unione Sovietica, ma diventa l'Occidente, che si espande in Medio Oriente e nel Golfo. Con il supporto ideologico e teocratico dell'egiziano Ayman al-Zawahiri, e in nome del jihadismo wahabita, Osama fa proseliti, aggrega fondamentalisti e addestra terroristi in Afghanistan, in Pakistan, in Yemen, in Somalia, nel Maghreb, in Libia, in Sudan, in Mali. Nel 1998 ordina gli attentati alle ambasciate americane in Kenya e in Tanzania. Nel 2000 l'attacco suicida al cacciatorpediniere USS Cole, nel porto di Aden. Washington sottovaluta, con tutta evidenza. E così lo Sceicco del Terrore pensa l'impensabile, e con due aerei lanciati sulle Twin Towers dai suoi kamikaze colpisce al cuore l'America. Quello dell'11 settembre 2001 è stato molto più di un atto terroristico, che tra l'altro ha mietuto tremila vittime innocenti. Cosa è stato e cosa ha innescato quella mostruosa, inimmaginabile azione di guerra che ci ha ossessionato in mondovisione, in un Occidente che si illudeva di aver vinto la guerra dell'egemonia politica, economica, culturale, credendo o fingendo di combatterla solo con il soft power?*

Per anni, e a maggior ragione oggi, abbiamo giustamente considerato il vero «fatto nuovo» del nuovo ordine globale l'ascesa cinese. Ma accanto all'ascesa cinese, c'è stata e c'è l'identità islamica, che ha cambiato il mondo. Lei ha ragione sul fatto che l'unico oppositore dell'Occidente, la grande alternativa al nostro sistema politico e valoriale fosse il comunismo. In realtà, invece, chi ha aggregato forze, identità, territori e che sta via via sgretolando la primazia occidentale, è stato proprio l'islamismo. La Cina ha rappresentato un'aggregazione militare ed economica alternativa a noi, ma tutto sommato tradizionale. Era ed è un nostro concorrente, ma almeno sul piano della convivenza internazionale ricorre a strumenti tradizionali. Con il jihadismo e il terrorismo lo scenario cambia drammaticamente. Avevamo conosciuto l'ansia dell'Armageddon nucleare, ma con le Twin Towers inizia l'era di un'altra inquietudine, meno apocalittica, se vogliamo, ma ancor più terrificante e paralizzante. Il terrorismo islamico sconvolge le nostre vite quotidiane, le nostre abitudini, il nostro modo di vivere e di convivere, nei rapporti e nei luoghi di ogni giorno. Accende la paura in ogni aeroporto, in ogni stazione ferroviaria, in ogni ufficio, in ogni ristorante, in ogni cinema, in ogni teatro. Nei luoghi in cui si vive il nostro senso civico e il nostro esercizio democratico. Oggi ci siamo abituati ai controlli pervasivi, sui corpi e sui documenti, alle file interminabili, alla cessione delle nostre quote ordinarie e straordinarie di libertà, ma allora fu un trauma inimmaginabile.

Fummo costretti a rinunciare dall'oggi al domani alla libera circolazione delle persone e delle merci. Ma con una formula oggi molto in voga anche nel gergo politico, possiamo dire che allora il terrorismo islamico non lo abbiamo visto arrivare?

Sì, ahinoi sì. Al Qaeda aveva fatto le prove generali, con gli attentati alle ambasciate e alla nave nello Yemen. Ma l'America non lo tenne in gran conto. Ci si abitua a tutto, ci si assuefà persino ai singoli attacchi terroristici che a poco a poco si ripetono, soprattutto se si concentrano su obiettivi specifici, lontani dal tuo Paese, dal tuo spazio vitale, dal tuo immaginario individuale e collettivo. Con l'11 settembre la dimensione della sfida diventa tutt'altra. Ha una portata simbolica, politica e pratica devastante. Distrugge non solo i due grattacieli iconici della potenza americana e della globalizzazione occidentale, ma un sistema di vita e di relazioni che pensavamo universale.

Lei dov'era quel giorno?

Ero vicino a Yalta, con la Commissione e il precedente Consiglio europeo. Eravamo in missione con il presidente ucraino Kučma, in montagna nella ex dacia di Stalin, con ragazzini di tredici-quattordici anni che suonavano musica jazz in questo bosco bellissimo. All'improvviso mi arriva un messaggio sul telefonino: un aereo si è schiantato su una delle due Torri. Lì per lì penso quello che più o meno hanno pensato tutti: il solito cretino su un aeroplanino da diporto che ha sbagliato le manovre. Nessuno si scompone, continuiamo a sentire i ragazzi che suonano. Dopo cinque minuti mi arriva un altro messaggio: un altro aereo, sulla Torre Sud. Lì capiamo che è una tragedia immane. Tutti in automobile, di corsa a Sebastopoli, e poi in aereo di rientro a Bruxelles. Mi ricordo questo volo in un'atmosfera surreale, non sapevamo niente, ci facevamo domande che non potevano avere risposta. C'erano sgomento e incredulità. Appena atterrati improvvisammo una conferenza stampa in un hangar. Ripensai allo scenario fiabesco che avevo ammirato sorvolando le Alpi, uno spettacolo mozzafiato che mi aveva suscitato una sensazione incredibile di pace e di quiete. Una cosa era chiarissima: da quel momento il mondo non sarebbe stato mai più quello che avevamo conosciuto.

Anche in questo caso, peccammo di presunzione, pensando che tre miliardi di persone, fedeli a un culto religioso totalmente diverso dal nostro e con regimi politici spesso teocratici, ci avrebbero seguito come i topolini del pifferaio di Hamelin?

Non parlerei di presunzione. Ci fu proprio un deficit di comprensione. Il mondo islamico non poteva allora e non può oggi pensare di guidare i destini del mondo, in alternativa al blocco occidentale. Non hanno la forza militare e neanche quella economica, che invece ha la Cina che resta il nostro vero e unico competitore su entrambi i versanti. L'Islam non è mai stato un blocco monolitico, ci sono tanti Islam diversi, che vanno anche al di là della solita distinzione classica tra sciiti e sunniti, e che hanno sempre dato luogo a conflitti sanguinosi anche al loro interno. Ma sia in quell'epoca storica, sia a maggior ragione oggi, hanno sempre avuto un massimo comune divisore: l'essere radicalmente alternativi e dunque oppositivi all'Occidente. Poi, per carità, c'erano e ci sono posizioni e sfumature diverse, come il Pakistan, l'Arabia Saudita. Paesi che, mentre addestrano terroristi o insegnano la Sharia ai giovani nelle madrase, hanno rapporti stretti con gli Stati Uniti. Ma alla fine, quello che prevale è sempre l'alterità antioccidentale. È chiaro, oggi questa frattura è sotto i nostri occhi e ci sconvolge ogni giorno con le immagini del conflitto israelo-palestinese. Ma sotto la cenere quella brace covava prima ancora di diventare fuoco e fiamme con la carneficina dell'11 settembre. Anche allora i Paesi del Golfo vendevano all'Occidente petrolio in abbondanza, mentre i diciannove membri del commando qaedista guidati da Mohamed Atta stavano per sferrare l'attacco all'America.

Insisto su questo punto. Come fu possibile che fior di statisti, di intelligence e di think tank internazionali non si resero conto che quell'immenso calderone di religioni e frustrazioni stava ribollendo contro di noi, contro l'America, contro il capitalismo, contro il cristianesimo?

La domanda è legittima. Ma non tutti furono sordi e ciechi. Qui è davvero il caso di ricordare un uomo straordinario e quella che io considero a tutti gli effetti una «profezia»: riletta oggi è quasi sconvolgente. Mi riferisco a don Giuseppe Dossetti e a quello che disse e scrisse dagli anni Cinquanta in poi. La sua tesi ricorrente era di non pensare al comunismo, destinato a finire presto, ma piuttosto all'Islam, che cercherà di ritagliarsi a tutti i costi un posto nel mondo. È impressionante questa capacità di vedere in anticipo ciò che allora nessuno vedeva. Nel 1990, riflettendo sulla prima guerra in Iraq, undici anni prima dell'attacco alle Torri Gemelle, Dossetti torna sul tema nella rivista «Il Regno», mettendo in guardia il mondo cristiano: «L'islamismo radicale aveva bisogno di questo e ne trarrà vantaggio. Anche se Saddam Hussein fosse eliminato, l'Occidente si troverà di fronte un islamismo radicale più difficile da combattere e ideologicamente più inestirpabile, sia nei Paesi musulmani che nell'Europa stessa. [...] Il fatto che la prepotenza americana abbia costretto tutti i Paesi, ormai vassalli, ad associarsi all'impresa, ha dato alla medesima un marchio di universalità che rievoca per tutto il mondo orientale la qualifica e il ricordo delle crociate, con tutto quello che ne segue: il ricordo degli eccidi e dell'intolleranza. Ma questo ricordo suscita anche nei musulmani la bellissima ed eccitante speranza che il trionfo degli occidentali sia effimero, come è stato effimero quello dei crociati. Costantinopoli, saccheggiata e bruciata nella quarta crociata del 1204, sarà come un'ombra sinistra costantemente evocata a tutta la Siria, all'Egitto stesso e poi a tutto il resto dell'Africa. Tutto questo riaccenderà l'intolleranza già presente contro i cristiani nell'alto Egitto. Gli italiani coscienti non solo non possono approvare una simile impresa, ma se ne debbono dissociare».

Incredibile, no? Ma non è finita. Senta quello che scrisse il 30 marzo 1993 in un discorso inedito ai seminaristi di Venegono: «Non so se voi vi rendete conto di quel che significa l'Islam, per il nostro Paese inserito nel Mediterraneo, a poche centinaia di chilometri dalla sponda africana: l'Islam ha una formulazione religiosa incomparabile, di una semplicità che può soddisfare i bisogni fondamentali dell'uomo e la sua intelligenza razionale. È un monoteismo puro nella sua espressione più radicale, facilmente convertibile in una forma di secolarizzazione aggressiva, quindi con una carica poi demografica enorme e con un'esigenza di espansione incoercibile. Altro che comunismo. So che ci possono essere formule più domestiche o addomesticabili, ma non il nocciolo duro dell'Islam».

Su quel prete potremmo scrivere un libro a parte. Tant'è che in molti, nel mondo cattolico, lo vorrebbero fare santo.

È vero, ma è molto difficile che ciò avvenga.

Il problema vero, per tornare al nostro percorso, è che nessuno è stato a sentire Dossetti sull'Islam. E quel che è peggio, poi, è che la risposta dell'Occidente all'attacco jihadista, paradossalmente, ha gettato altra benzina su un fuoco che già ardeva di suo. L'attacco all'Afghanistan, ma soprattutto la guerra in Iraq, decisa unilateralmente da Bush e Blair, al di fuori dell'ambito ONU *e* NATO, *e combattuta dai Paesi di quella che allora si chiamò «Coalition of the Willing». Fu la risposta sbagliata a una domanda giusta: che fare con l'Islam, e contro il terrorismo islamico?*

Sì, ci si è illusi che il modo migliore per rispondere a un atto terroristico senza precedenti fosse scatenare guerre contro interi Paesi. Sull'Afghanistan, almeno, si sapeva che Osama bin Laden aveva laggiù, nelle grotte di Tora Bora, molte sue basi logistiche. Infatti su quell'intervento dell'autunno 2001 ci fu convergenza tra gli alleati e la missione Enduring Freedom ebbe la copertura NATO. Il vero cortocircuito si crea con l'invasione dell'Iraq. Mentre la Prima guerra del Golfo condotta da Bush padre fu certamente un'azione grave e pesante, ma con lo scopo di dimostrare che l'Occidente non tollerava violazioni del diritto internazionale, visto che Saddam aveva invaso il Kuwait, la seconda guerra in Iraq nasce con il pretesto di vendicare la strage immane dell'11 settembre. Si è voluto colpire uno Stato canaglia facendone il simbolo di tutti i terrorismi antioccidentali. Ancora una volta si è data una motivazione teologica a un'azione militare. Abbattiamo Saddam Hussein, perché vogliamo portare in quell'area del pianeta le nostre due ricette: democrazia e cristianesimo.

A mio parere questa dottrina teologica, come lei giustamente la definisce, contava su due leve. C'era il braccio politico-militare, rappresentato essenzialmente dagli Stati Uniti e dalla Gran Bretagna. Ma ci fu anche una leva etico-morale, che dal mio punto di vista poggiava su due basi. La prima base fu laica, imperniata su un altro libro di enorme successo, Lo scontro delle civiltà *di Samuel P. Huntington. La seconda base fu religiosa, costruita sul celebre discorso di Ratisbona di papa Ratzinger, sull'Occidente che soccombe perché si arrende al suo relativismo, alla sua rinuncia di difendere, rivendicandoli, i valori giudaico-cristiani.*

Mentre, come abbiamo visto, nella caduta del Muro tenne banco *La fine della storia e l'ultimo uomo* di Fukuyama, nella risposta al jihadismo domina il dibattito *Lo scontro delle civiltà* di Huntington. Una lettura sommaria e troppo semplicistica: come se il nuovo mondo fosse solo Occidente contro Islam, le uniche due civiltà che, secondo l'autore, inevitabilmente e ineluttabilmente, confliggono. È un'analisi più facile e più parziale di quella di Fukuyama, che tra le rovine del Muro prova a immaginare un'evoluzione possibile della Storia, mentre Huntington si limita a fotografarne «un momento», come se non fosse possibile immaginare una evoluzione diversa rispetto all'eterno scontro. In ogni caso, come accennavo poco fa, *Lo scontro delle civiltà* sancisce per l'ennesima volta il trionfo della teologia politica. Ed è in nome di questa teologia che, conquistata Kabul, si lancia l'offensiva contro Baghdad.

Non per caso – ben sobillato dai suoi falchi, il vicepresidente Dick Cheney e il segretario alla Difesa Donald Rumsfeld – Bush indica alle opinioni pubbliche occidentali i nemici mortali coniando un'altra formula che allora fece scuola: «l'Asse del Male», cioè Iraq, Iran, Corea del Nord, gli Stati canaglia da annientare.

Appunto: loro il Male, noi il Bene. Categorie religiose, non politiche.

*Peraltro – e va detto con una certa vergogna per noi che orgogliosamente impugniamo la fiaccola delle democrazie – la guerra in Iraq fu giustificata con l'urgenza di impedire a Saddam l'utilizzo delle armi di distruzione di massa, le famose «weapons of mass distruction», formula inventata appositamente per venire incontro alla dislessia di Bush, che non riusciva a pronunciare la parola «nuclear». Purtroppo si scoprì presto che quelle armi non c'erano, e che le prove per dimostrarne l'esistenza furono letteralmente fabbricate dalle intelligence americane e inglesi. Resta negli annali l'immagine di Colin Powell che, davanti al Consiglio di sicurezza dell'*ONU*, esibisce la famigerata «dry anthrax», la «fialetta gialla» che secondo il segretario di Stato* USA *forniva la piena e definitiva evidenza di quello che la nascente «Coalizione dei volonterosi» aveva* *sempre pensato: «Saddam Hussein ha armi chimiche, Saddam Hussein ha usato queste armi e se non lo fermiamo le userà ancora, contro di noi». Una clamorosa e indecorosa menzogna, della quale molti anni dopo Powell si pentì e si scusò pubblicamente. Ma tant'è: bisognava invadere, e si invase. Lei in quel periodo guidava la Commissione europea. Ed era contrario a quella missione che il 20 marzo 2003 avviò le operazioni militari e vide riunite al fianco di quelle americane e britanniche le truppe di altri quarantanove Paesi, tra i quali anche l'Italia di Berlusconi, ma non la Francia e la Germania?*

Ero totalmente contrario a quella guerra insensata, che iniziava con un supporto ideologico e mediatico spaventoso: i bombardamenti sulle città irachene in mondovisione sulla CNN, le truppe accompagnate dai media, i giornalisti embedded sui carri armati. Un evento gigantesco, che cambiava di nuovo gli equilibri del mondo. Prima del giorno dell'attacco, al G8 ci furono discussioni continue e anche tra noi europei le polemiche furono durissime. Il conflitto non era solo politico, ma proprio di visione del mondo, di concezione delle relazioni internazionali. Su quella guerra si consumò la rottura tra me e Blair, che penso sia stata una delle ragioni della mia mancata rielezione al vertice della Commissione UE.

Apriamola un momento, questa breve parentesi. Lei è convinto che Blair si vendicò così del suo mancato sostegno all'intervento in Iraq?

Non ho mai negato che avrei gradito essere riconfermato come presidente della Commissione. Oggi il giudizio postumo sulla mia Commissione è molto buono, ma allora era contrastato, per la riforma della Commissione stessa, ispirata a una trasparenza enorme, che infatti ci mise al riparo dagli scandali che nelle gestioni precedenti non erano mancati. Altri obiettivi raggiunti furono l'implementazione dell'Euro, l'allargamento a Est e i lavori per la Costituzione europea, la cui bocciatura al referendum francese bloccò tutto. Pochi mesi prima della scadenza della mia Commissione, capii che la strada per la riconferma si faceva più impervia, visto che nel frattempo era cambiata la maggioranza a vantaggio dei popolari e del centrodestra. Nel centrosinistra, per contro, c'era solo un capo di Stato che avrebbe potuto garantirmi la rielezione: era Tony Blair. Ma se ne guardò bene. Troppe ruggini, tra noi, proprio sull'Iraq.

Ma lei era isolato, nella sua posizione contraria alla «crociata» contro Saddam?

Assolutamente no! C'erano posizioni molto articolate, ma io ero tutt'altro che solo. C'erano gli inglesi, come abbiamo detto, fortemente convinti del sostegno all'intervento, con un commissario agli Esteri di straordinaria esperienza e intelligenza politica come Chris Patten. Ma con me c'erano i francesi e i tedeschi, fermamente contrari alla guerra. Ricordo in particolare Pascal Lamy, il commissario francese, che disse cose durissime contro l'operazione militare. La verità è che quella guerra spaccò il mondo, l'Occidente, l'Europa, e anche la Commissione. Ma voglio ripeterlo un'altra volta perché è una costante che mi ha accompagnato sempre, in tutti i ruoli istituzionali che ho rivestito nella mia vita: nel mio mandato al vertice della Commissione non c'è mai stata alcuna venatura antiamericana o antinglese. L'alleanza e la vicinanza agli Stati Uniti non è mai stata in discussione. Il problema era sempre lo stesso, allora come oggi: io non concepisco la politica come scontro tra «dottrine», e quindi sui singoli dossier rivendico la libertà di decidere in modo diverso e autonomo.

Non so oggi, ma in quella fase non era consentito. Se sostenevi una linea diversa da quella di Washington, allora eri antiamericano...

In quel caso c'era persino qualcosa di più. Se dicevi no alla guerra non solo eri contro l'America, ma eri anche contro le democrazie. Il sillogismo era costruito proprio con questo fine. Noi siamo gli unici difensori delle democrazie, quindi chi non è con noi è contro di noi, quindi è contro le democrazie. Una logica aberrante, manichea, pericolosissima, dal mio punto di vista. Non l'ho mai condivisa né adottata. Anche perché sono convinto che alla lunga non paghi. Lo dissi qualche anno dopo al «Washington Post»: era il 2007, avevo lasciato l'Europa ed ero tornato in Italia, dove alla guida dell'Unione avevo appena rivinto le elezioni contro Berlusconi e da premier proposi il ritiro dei nostri tremila soldati di stanza in Iraq. In quell'intervista ricordavo come i vari alleati europei di Bush e Blair nella «Coalition of the Willing», dalla Gran Bretagna alla Spagna e al Portogallo, nel frattempo si fossero sciolti come neve al sole...

Su questa faglia tra America ed Europa, allora, si è detto e si è scritto molto. Ricordiamo che la guerra in Iraq costò cinquecentomila morti, e che ci toccò vedere orrori indicibili e torture inenarrabili come quelle perpetrate ad Abu Ghraib. Uscì un altro libro che fece molto discutere, quello del politologo americano Robert Kagan, che nel suo saggio Of Paradise and Power: America and Europe in the New World Order *scrisse «sulle principali questioni strategiche e internazionali, oggi, gli americani vengono da Marte, gli europei da Venere». Un modo molto yankee per dire che per gli* USA *la guerra è una prassi, per l'Europa è una ferita.*

Non c'è dubbio che quella lacerazione segnò l'inizio di un distacco intellettuale tra America ed Europa. Ma queste contrapposizioni così nette, per come la vedo io, soffrono del solito difetto: riflettono un manicheismo che non mi appartiene e non mi apparterrà mai. Per restare alla lettura secondo me parziale di Kagan, ricordiamoci sempre che l'America non ha fatto solo tante guerre, ma è stata anche la culla dei movimenti pacifisti più vasti e diffusi del pianeta. Di chi sono figli, quelli? Di Marte o di Venere?

Oggi, in fondo, questi eccessi di schematizzazione e di polarizzazione non sono molto diversi, se pensiamo alle altre due guerre in corso in Ucraina e in Palestina. Chiunque provi a ripercorrere con spirito critico le tappe storiche che ci hanno portato a questi conflitti finisce immediatamente nella lista nera dei filo Putin o dei filo Hamas. Ma di questo ci occuperemo più avanti. Ora torniamo a quelle fasi concitate, che precedet-

tero e seguirono all'invasione dell'Iraq dove – ricordiamolo – il 12 novembre 2003 il contingente italiano a Nassiriya subì un attentato tremendo che costò la vita a 19 italiani e 9 iracheni. Lei, in Commissione, diceva no alla guerra, mentre in Italia il governo Berlusconi vi prendeva parte con la missione «Antica Babilonia». Questo non contribuì a rendere molto più debole e indifendibile la linea del governo italiano?

Obbiettivamente, sì. Tra noi c'era un dissidio totale. Io ero presidente della Commissione e quindi non potevo certo guidare l'opposizione in Parlamento. Quello che ho potuto fare, l'ho fatto a Bruxelles.

In fondo, così arriviamo a un altro pontefice, fu proprio il Cavaliere a spiegare il discorso di Ratzinger a Ratisbona con una sintesi infelice e sconsiderata: l'Occidente è una civiltà superiore rispetto all'Islam.

Poi si rese conto dell'enormità di ciò che aveva detto, e dovette correggersi. Io il discorso di Benedetto XVI lo lessi in un altro modo. Mi parve una sorta di presa d'atto della realtà e di allineamento a una strategia politica già delineata. Certo, da un papa, che è molto di più di un semplice uomo di fede, il giudizio ti colpisce. Ma in fondo quel suo ragionamento sul primato del cristianesimo rifletteva la forza della teologia e della religione di cui lui era il vicario in terra. Quanto alla sua critica del relativismo occidentale, invece, devo dirle che non mi stupì affatto. La consideravo una logica traduzione politica di quello che lui aveva sempre pensato sulla religione: il relativismo è una forma di debolezza della fede e alla lunga diventa la rovina del cattolicesimo. Questa era da sempre la «dottrina Ratzinger». Il papa sottovalutò un aspetto: esporla in quei termini, in quel momento, avrebbe potuto avere conseguenze negative non previste. Ma dal punto di vista ideologico e teologico era assolutamente coerente con il messaggio del pontificato ratzingeriano.

Ma a suo parere Bush, Blair, Berlusconi e tutti gli altri capi di Stato e di governo che dopo l'intervento in Afghanistan si coalizzarono contro Saddam erano realmente convinti che sarebbero riusciti a «esportare la democrazia» nel cuore dell'Islam fondamentalista?

Sì, erano assolutamente convinti di raggiungere quell'obiettivo. Bush e Blair lo teorizzavano nei discorsi ufficiali: invadere quei Paesi, distruggere quegli Stati canaglia, era l'unico modo per ritornare a un mondo pre 11 settembre, risarcendo idealmente le vittime del più spaventoso attentato della storia umana e ripristinando la pace tra i popoli. Un abbaglio clamoroso, purtroppo. Intendiamoci, l'idea di esportare la democrazia non è sbagliata in sé: la democrazia è la cosa più bella del mondo. Il problema non è il «se», è il «come». Mi passi il gioco di parole, ma la democrazia non va imposta, va proposta democraticamente. Quante discussioni abbiamo fatto in Commissione, su questo: mesi e mesi di confronto con tutti i Parlamenti degli Stati membri e dei Paesi candidati a entrare in Europa.

E qual era la conclusione?

Sempre la stessa: devono essere i Paesi e i popoli che scelgono la democrazia, aderiscono ai suoi principi, condividono le sue regole, accettano i limiti che presuppone. Se questo avviene, la democrazia si espande, si diffonde, si esalta. Se invece la democrazia la si fa calare dall'alto, chi ne dovrebbe beneficiare finisce per considerarla una gabbia. E si ribella. Valse allora per gli afgani e gli iracheni, che rifiutarono il nostro «aiuto». Ma, su un piano diverso, vale anche oggi per noi europei, colpiti da tanta disaffezione democratica.

TERZA PARTE

Viaggio nel nuovo Disordine Mondiale

1

Declino e risveglio dell'Impero Americano

L'AMERICA PRIMA DELLE ELEZIONI

Professor Prodi, riprendiamo il filo dei nostri pensieri. Ora proviamo a riallacciare gli eventi del mondo di ieri – cioè il progressivo logoramento degli equilibri garantiti dalla Pax Americana, rimessi a soqquadro dall'insurrezione della jihad e dagli effetti delle guerre in Afghanistan e Iraq – con le grandi novità di oggi – cioè le elezioni americane, e insieme i conflitti russo-ucraino e israelo-palestinese. Tutto ruota intorno a quella che mi sentirei di definire la crisi di identità degli Stati Uniti. Lucio Caracciolo, su una copertina di «Limes» dell'aprile scorso, l'ha riassunta con una formula assai suggestiva: «Mal d'America». In questi anni abbiamo assistito a un lento smarrimento di ruolo, da parte degli «eredi della Mayflower*». Con il tempo, spiazzati da un contesto geopolitico che si fa multipolare, gli Stati Uniti vedono stingere il mito su cui avevano scommesso dopo il trionfo sul comunismo: la globalizzazione, che perde slancio dopo la reazione furente dell'Impero agli attacchi dell'11 settembre e addirittura entra in crisi dopo l'aggressione russa all'Ucraina. Il neoliberismo vince* *ancora nei numeri, ma comincia a subire l'erosione culturale di forze uguali e contrarie, interne ed esterne. George Bush, commander in chief della battaglia contro «l'asse del Male», chiude davvero il secolo americano, che aveva visto gli States farsi gendarme del mondo. Barack Obama incarna la grande speranza progressista, che «Main Street» vinca finalmente su Wall Street. Ma forse la speranza resta tale. Tant'è che, dopo il primo presidente nero della storia americana, arriva Donald Trump, che come Berlusconi nell'Italia del '94 marchia la carne viva del Nuovo Mondo con il fuoco del populismo autarchico e autoritario, regressivo e tecnicamente eversivo. La successiva presidenza Biden cura quella ferita, ma forse solo in parte e in superficie. L'economia corre, ma la società americana sembra cambiata nel profondo. Gli anni Venti del terzo millennio vedono infiacchirsi ineludibilmente «la missione universale che la Provvidenza ha assegnato all'America» e la decadenza di quel modello «trascina con sé verso il basso, forse domani verso il nulla, la fase occidentale della storia umana» (ancora Caracciolo). Lei che idea si è fatto, di questa stringatissima «pastorale americana»?*

Inizierei da un ricordo personale, che tuttavia spiega molto di quel che penso delle dinamiche involutive di quella democrazia, e dunque di tutte le democrazie. Il ricordo riguarda proprio George Bush padre, inquilino della Casa Bianca tra il 1989 e il 1993. Cinque anni dopo, era il 1998, da ex presidente del Consiglio vengo invitato a una cena nell'inusuale scenario del Museo delle Ferrovie di Washington, per celebrare l'accordo appena sottoscritto tra la Daimler e la Chrysler, fuse in un'unica società con un consiglio d'amministrazione formato da manager dei due continenti. Il cerimoniale prevede due brevi discorsi. Il primo dal lato UE affidato a me (anche se non ne ho mai capito il motivo) e il secondo dal lato USA all'ex presidente Bush. Finita la cerimonia, lui mi chiede in che albergo pernotto e allora si offre gentilmente di accompagnarmi in macchina. Io accetto e – con una scorta impressionante al seguito – mi ritrovo nell'auto di Bush: lui alla guida, io seduto al suo fianco e nei sedili posteriori le rispettive mogli, Flavia da una parte e Barbara dall'altra. Dopo un percorso di venti minuti, riempiti con chiacchiere piacevoli e amichevoli, arriviamo in hotel, ci salutiamo e mia moglie, ancora stupefatta, mi racconta quel che le ha detto Barbara: «Sa, cara Flavia, noi abbiamo due figli, George W. e Jeb, ma non abbiamo ancora chiaro quale dei due diventerà presidente degli Stati Uniti...». Flavia dubitava di aver capito bene la lingua inglese! Tenga conto che in quel momento nessuno dei due era candidato a nulla e non era in corso nessuna campagna elettorale. Capisce perché le racconto questo aneddoto? Oggi come allora, io mi ripeto la stessa domanda: una grande democrazia liberale ha bisogno di dinastie per riaffermare se stessa? In politica come in economia, alla Casa Bianca o al Congresso, è questa la vera pastorale americana. I Roosevelt e i Kennedy, i Clinton e i Bush. E c'è mancato poco che contro il primo Trump non vincesse Hillary, e contro il secondo Trump non scendesse in campo Michelle Obama. Il baco della democrazia, nel comando dinastico, sta in questo: il potere che si chiude in se stesso, si isola in circoli familiari e autoreferenziali, si riproduce per partenogenesi, accresce il suo profilo di élite autosufficiente, e così perde progressivamente il contatto con la realtà.

Quello che lei chiama «baco della democrazia» è un tratto più americano che occidentale...

Ovviamente sì. Il tema è la frammentazione della società, e questa è comune tanto all'Occidente quanto agli Stati Uniti. La società americana negli ultimi anni è diventata sempre più complicata e polarizzata, ha stentato sempre di più a esprimere un'identità condivisa di fronte a sfide di politica interna che non aveva mai dovuto affrontare. Una su tutte, la più esasperata ed esasperante: l'immigrazione. A questa si sono aggiunti problemi antichi, come la questione razziale e nuove fratture, come il conflitto tra città e campagne, coste ed entroterra, America colta e America incolta. La difficoltà a imporre al mondo la consueta politica estera assertiva nasce dalle insicurezze sopraggiunte nell'affrontare le criticità della politica interna. Questo è il vero indebolimento americano di quest'ultimo decennio. Non c'è una perdita del primato militare, che invece è rimasto solido, con una spesa pari al 42-43 per cento di quella mondiale. Di più: si è andato consolidando un predominio impressionante e incontrastato nelle nuove tecnologie che influenzano le economie e le società globali, Google, Apple, Amazon e via via tutte le altre. In questi campi l'America ha conservato una superiorità assoluta, anche se l'ascesa cinese – che ha cominciato a fare le stesse cose, magari copiandole – ha mostrato al mondo che le alternative cominciano a diventare possibili.

Soffermiamoci sullo smarrimento del ruolo geostrategico degli Stati Uniti. Come dicevo all'inizio, fino a Bush – con la guerra in Afghanistan e in Iraq – l'America resta il gendarme del mondo. Lo fa in modo molto più che assertivo: in modo addirittura violento, invadendo Stati considerati nemici con l'alibi di «esportare la democrazia». Poi arriva Barack Obama, portatore di una visione molto più inclusiva e solidale, non solo dell'America ma del pianeta. «Yes, we can», e tutto il bagaglio ideale che sembra ridisegnare le priorità dell'America progressista. Vince le presidenziali schiantando il rivale repubblicano John McCain con quasi 70 milioni di voti popolari, il record assoluto mai eguagliato nella storia americana. E lo scenario globale comincia a cambiare, lungo tutta la durata dei suoi due mandati, che arrivano fino al 2017. Cosa ha rappresentato Obama, per lei?

Con Obama non ho avuto occasione di lavorare. Di certo lui, primo afroamericano a entrare alla Casa Bianca, per la novità che rappresentava, per il carisma di cui era dotato, per l'intelligenza freschissima che esprimeva, per l'assoluta estraneità ai vecchi giri del potere americano, ha concentrato su di sé le aspettative e le speranze infinite di tanta gente. Il giudizio a posteriori è più complesso, perché sul fronte interno molte di quelle attese sono andate deluse, mentre sul fronte internazionale ha ridimensionato il ruolo dell'America sulla base di una consapevolezza: l'irruzione sulla scena del colosso cinese. Obama, voglio dire, ha preso atto che la globalizzazione e l'apertura dei mercati avviata da Clinton ha permesso il cambiamento del mondo, facendo nascere non un vero e proprio «nemico» in senso stretto, ma un rivale degli Stati Uniti. Questo ha spinto l'America «obamiana» a ripensare il suo posto nel mondo, che non è stato più quello del gendarme, ma semmai del «garante» dei nuovi equilibri. Un'operazione non proprio riuscita, se si pensa che l'inerzia statunitense ha finito per far avvicinare sempre di più Cina e Russia. Come molte volte ho ripetuto, citando Kissinger, non è stata una bella idea.

Condivido il giudizio problematico sulla presidenza Obama, che alla fine ha fatto meno di quello che avrebbe potuto. Ma di lì ad aprire la strada alla vittoria di Trump, nel novembre 2016, ce ne corre. Come è potuto succedere un ribaltone del genere, che ha permesso a «the Donald» di espugnare per la prima volta dopo quasi quarant'anni Stati storicamente democratici come Pennsylvania, Michigan e Wisconsin, e proprio grazie a questi di portarsi a casa la presidenza? Sono bastati il disincanto democratico e la delusione per i mancati traguardi di Barack nella lotta alle disuguaglianze, nel limitare lo strapotere dei trust, nel governare il fenomeno migratorio e le tensioni razziali tra i neri e i suprematisti bianchi?

Mi dispiace dirlo, ma in quell'occasione i democratici hanno sbagliato candidatura, scegliendo una donna di altissimo livello intellettuale, ma che era moglie di un ex presidente e che, nonostante le sue doti, non scaldava i cuori. La campagna elettorale è una cosa diversa da quella che pensano gli analisti e gli intellettuali. Il voto democratico ormai è dato da un sentimento, da un'empatia, da un senso di vicinanza al cittadino medio. Io, che pure stimavo moltissimo Hillary, all'epoca ho scommesso con un amico che avrebbe vinto Trump.

E sulla base di cosa puntò su quel cavallo pazzo?

Sulla base dell'evidenza: la politica moderna ormai ha deviato dalla razionalità. Per questo, per l'americano medio impaurito era difficile votare Hillary. Ricordo che, dopo la sua sconfitta, un altro amico ha usato nei suoi confronti un'espressione tipica del reggiano: «chioccia fredda», termine che definisce la gallina che cova con molta diligenza le uova, ma non ha il calore per far schiudere i pulcini. La definizione è ingenerosa, perché Hillary è una donna di grande valore. Ma temevo che in certe fasce sociali dell'America profonda non potesse avere la sufficiente presa elettorale. Hanno finito per sentirla un po' distante.

Ricordiamoci sempre che Clinton prevalse in termini di voti assoluti, con 65,8 milioni contro i 62,9 di Trump, ma perse in virtù del voto dei grandi elettori, gli unici che contano ai fini della vittoria effettiva. Tuttavia, resta scritto negli annali quel che Hillary disse in un brutto comizio di fundraising a New York, il 9 settembre 2016, poche settimane prima del voto, quando bollò pubblicamente gli elettori di Trump come «a basket of deplorables», cioè «un branco di miserabili», ignoranti, razzisti e sessisti, xenofobi e islamofobi. Fu una pessima scivolata, che permise a Trump di gridare «questa donna insulta il popolo americano», e a una cospicua parte di quest'ultimo – quella realmente meno attrezzata sul piano culturale – di sentirsi effettivamente offesa dalla candidata della solita sinistra elitista e radical chic.

Resta però agli annali la famosa frase di Rino Formica sulla materia di cui è fatta la politica, cioè sangue e merda. Bisogna sapersi muovere sempre con intelligenza e misura, tra il primo e la seconda.

Le chiavi di volta della vittoria del Trump del 2016 sono diverse. C'è la ricchezza personale, visto che «Forbes» in quell'anno gli attribuisce un patrimonio netto di 3,7 miliardi, nonostante i rovesci di molti suoi business che nel 2011 gli fecero confessare a «Newsweek»: «Ho sempre giocato con le leggi sulla bancarotta, vanno molto bene per me». C'è l'esposizione mediatica della sua creatura televisiva, il reality show The Apprentice, *di cui fu conduttore e produttore tra il 2004 e il 2014. C'è la forza simbolica del suo slogan, quel «Make America Great Again» che attinge all'immaginario devastato e frustrato di una nazione che ha svenduto i suoi figli bianchi al mercato globale e ha aperto le porte all'immigrazione ispanica dal Sud. Collegato a quest'ultimo aspetto, c'è il fatto che Trump espugna proprio i luoghi in cui quella «svendita» sembra essersi realizzata: gli Stati del Midwest e quelli della Rust Belt. Lui promette muri lungo tutto il confine con il Messico e reshoring nelle aree dove ha imperversato la delocalizzazione. Questo fa breccia nella testa e nella pancia di quei milioni di «deplorables» che la sinistra snob aveva trascurato, troppo occupata a difendere i diritti di singole e specifiche minoranze: i neri, le donne, le comunità* LGBTQ+, *e così via. Il protagonista della svolta trumpiana del 2016 è il «forgotten man», il cittadino medio dimenticato dalla politica, senza lavoro, senza soldi, senza identità.*

Non c'è dubbio che questo sia un messaggio che rassicura e convince il «forgotten man», ma poi esiste anche la necessità di governare. Mi torna in mente quando, avendo rivolto un caloroso complimento a Chirac dopo un suo mirabile discorso di fronte al Parlamento europeo, mi rispose con un sorriso: «Romano, les discours, sont les discours».

La letteratura ci arriva sempre prima della politica, e gli scrittori prima dei politologi. Stephen Markley, in Ohio, *descrive lo sfacelo morale e materiale di quella middle class in rovina nella provincia anonima di New Canaan, tra fabbriche chiuse, negozi con le saracinesche abbassate, case abbandonate, e un'umanità dolente che si lecca le ferite di una vita senza più speranze. Philipp Meyer, in* Ruggine americana, *racconta la fine del sogno di una nazione che si riflette negli scheletri arrugginiti delle acciaierie dismesse e nelle vetrine sgangherate dei centri commerciali chiusi della Pennsylvania, dove gli operai disoccupati che un tempo votavano Reagan, poi si erano fidati di Obama, adesso campano solo di sussidi e di rancore. Barbara Kingsolver, in* Demon Copperhead, *viaggia tra le case mobili sperdute negli Appalachi meridionali, dove gli esodati delle grandi miniere di rame liquidate vagano come spettri, i «Melungeon», cafoni mezzosangue e zappaterra fanno la fame, e un'intera generazione di giovani riempie il vuoto imbottendosi delle nuove, terribili droghe moderne, ossicodone, fentanyl, Xanax. Infine J.D. Vance, in* Elegia americana *– che diventerà il suo trampolino di lancio per la candidatura a vice di Trump –, racconta il disagio degli «hillbillies», i montanari poveri di origine scozzese e irlandese che marciscono nella povertà e nel degrado, abbarbicati a quel che resta della vecchia e ormai inservibile «cintura della ruggine». Perdoni la lunga digressione letteraria, ma ci serve a capire se e in che misura il messaggio trumpiano passa perché dice a queste persone: «La colpa è della globalizzazione, la colpa è dell'invasione straniera, ora tiriamo su i muri e vi proteggo io»...*

Questo la dice lunga sulle manipolazioni delle campagne elettorali, non solo quelle americane. L'idea che il politico tuteli il suo Paese innalzando muri a protezione dalle invasioni straniere e dalle delocalizzazioni è un sentimento molto radicato non solo nel ceto medio, ma anche presso la quasi totalità dei cittadini. Si tratta, ovviamente, di un'operazione che dà solo una sicurezza apparente: è solo strumentale. Se stiamo all'America del primo Trump, e guardiamo ai calcoli più recenti, ci rendiamo conto che per effetto della globalizzazione e del trasferimento delle produzioni straniere, oltre due milioni di posti di lavoro si sono spostati dagli Stati Uniti alla Cina. Quindi il fenomeno esiste, ma non è stato così diffuso come si crede. Intendo dire che è stato comodo, troppo comodo per Trump dare la colpa di tutto all'apertura dei mercati e al Terzo Mondo, cosa che per altro ha continuato a fare anche nella sua seconda campagna presidenziale. Il fatto vero è che, contemporaneamente a questa paradossale sfida antiglobalista lanciata da un tycoon newyorchese, è arrivato il disfacimento delle regole di solidarietà che pure il sistema capitalistico aveva. Questa è stata la leva del grande cambiamento della politica. È il sistema al suo interno che ha cominciato a generare problemi. La superiorità militare ed economica degli Stati Uniti è rimasta tale, ma il mercato assolutamente libero e irresponsabile ha portato come conseguenza ovvia un enorme aumento della differenza fra ricchi e poveri e la caduta della classe media. Il Trump del 2016 queste dinamiche le ha cavalcate, ma non le ha affatto corrette e, anzi, le ha aggravate. La protezione del «forgotten man» non l'ha vista nessuno. La finanziarizzazione dell'economia è andata avanti ancora più velocemente, accompagnata da un impetuoso cambiamento tecnologico. E a tutto questo si è aggiunto il ritorno esplicito alla dottrina dello Stato che non deve esistere. Quelli come me, che studiavano e ritenevano fondamentale la politica industriale, sono stati ostracizzati. Non se ne poteva parlare nemmeno nei convegni internazionali.

È cominciata la seconda giovinezza della Scuola monetarista di Chicago: affama la Bestia…

È una scuola la cui dottrina era diventata politica quotidiana. Questo spiega i grandi spostamenti di posti di lavoro, l'arrivo sui mercati di prodotti a basso prezzo, a basso valore aggiunto, a basso costo di lavoro. È qui che si consuma lo spossessamento della classe lavoratrice. Come ripeto, la sopraggiunta concorrenza diretta cinese dà un bel contributo, ma in larga misura la svolta di allora nasce dai cambiamenti interni della società. E questo fenomeno parte dall'America, poi si propaga anche all'Europa dove il decennio 2010-2020 segna il dominio assoluto della finanza che rompe gli argini e i legami di solidarietà nella UE, che già si erano affievoliti con la bocciatura sulla Costituzione europea. Barroso è totalmente figlio della dottrina americana. Merkel, che rappresentava il Paese più forte della UE, guidava però una Germania che in quel momento non sentiva il problema della solidarietà a livello continentale. Poi è arrivato il Covid e la Storia fa una curva. La politica riprende provvisoriamente una sua centralità, i debiti pubblici esplodono ovunque per garantire l'assistenza sanitaria e i sostegni alle imprese e alle famiglie. Ma senza la forza delle grandi imprese a Rete che comandano il mondo, la ripresa europea c'è stata, ma fiacca e la crescita resta bassa. L'Occidente mostra tutti i suoi limiti: si muove con logiche solidali solo quando è chiamato a reagire da sfide esterne, la pandemia, la Cina, la Russia.

Bisogna dire che anche la gestione del Covid da parte del primo Trump fu disastrosa. Mentre la UE, per quanto lenta e sonnolenta, vara il Next Generation EU, l'allora presidente *cerca in tutti i modi di dimostrare agli americani che il Covid o non esiste, o è una mezza influenza. Secondo uno studio di «Lancet» del febbraio 2021 (*Public policy and health in the Trump era*), nei suoi quattro anni ha lasciato sul campo solo macerie. «Sebbene il suo tentativo di abrogare l'Obamacare sia fallito, ne ha indebolito le coperture e aumentato il numero di persone non assicurate di 2-3 milioni, accelerando la privatizzazione dei programmi sanitari del governo». E invece di rafforzare il Welfare, lo ha ulteriormente indebolito. «Trump ha sfruttato la rabbia dei bianchi a basso e medio reddito per il deterioramento delle loro prospettive di vita per scatenare la violenza razziale e la xenofobia e ottenere il loro sostegno per le politiche a beneficio di persone e aziende ad alto reddito.» Non solo: «Ha tagliato tasse per trilioni di dollari alle fasce più abbienti creando un buco di bilancio, per giustificare il quale ha a sua volta tagliato la spesa sociale e quella sanitaria». Insomma, un disastro.*

A questo aggiungiamo che, con il «Make America Great Again», Trump ritira gli Stati Uniti da tutti i fronti aperti in campo internazionale. Il ritiro delle truppe dall'Afghanistan lo farà Biden, ma Trump lo stava già preparando. E tutto questo, alla fine, diventa solo un favore nei confronti di coloro che non seguono la politica americana. L'Europa non reagisce e il suo declino si accentua.

Per fortuna, nonostante il quasi golpe di Capitol Hill, con le presidenziali del 3 novembre 2020, Trump cede la Casa Bianca a Biden. La mia impressione, molto diffusa, è che «Sleepy

Joe», a dispetto del soprannome ingeneroso, sia stato infinitamente migliore della fama che lo accompagna.

Se consideriamo l'aspetto economico, l'America non andava così forte da un quarto di secolo. Quelli di Biden sono stati anni d'oro. Io non avrei mai pensato che gli Stati Uniti avrebbero potuto raggiungere risultati del genere.

Ricordiamone qualcuno. Biden ha varato il piano denominato «American Rescue Plan» da 1900 miliardi, comprendente anche 1000 miliardi di dollari di aiuti diretti (inclusi assegni da 1400 dollari per persona), facilitando l'accesso a servizi di assistenza sanitaria, aumentando il salario minimo, estendendo l'assicurazione contro la disoccupazione e stanziando fondi di emergenza per le famiglie con bambini e ai lavoratori senza figli. Ha voluto una legge sulle infrastrutture, che prevede la spesa di 1200 miliardi di dollari in otto anni per ammodernare le infrastrutture nazionali, renderle ecologicamente più sostenibili e allargare la rete Wi-Fi nelle zone rurali del Paese. Ha tentato di far passare a ogni costo il «Build Back Better Act», un pacchetto di spesa sociale di 3,5 trilioni di dollari che amplia la rete di protezione sociale per le fasce più deboli della popolazione e implementa la lotta al cambiamento climatico. E infine ha lanciato l'«Inflation Reduction Act», un piano che stanzia 739 miliardi di dollari per tamponare l'aumento dei prezzi dell'energia (di cui 370 destinati alle rinnovabili), 300 miliardi per la riduzione del disavanzo pubblico, il finanziamento triennale dell'Obamacare, la riduzione del costo dei farmaci da prescrizione e la riforma del fisco. C'è da chiedersi perché tutto questo non abbia convinto gli americani.

I risultati economici degli anni di Biden sono stati estremamente positivi, non solo dal punto di vista della crescita, che è stata sempre più del doppio di quella europea, ma anche dal punto di vista del primato tecnologico, del progresso scientifico e sul piano dell'occupazione. Il punto debole, che ha profondamente irritato gli elettori americani, è stato il rialzo dei prezzi. Il cittadino è particolarmente sensibile a questo aspetto perché ne constata tutti i giorni le conseguenze sulla sua vita personale. Questa è stata la maggiore critica rivolta a Biden, ma la spinta che ha reso inevitabile la sua rinuncia è stata la sua evidente decadenza fisica. È questo un elemento di fondamentale importanza per un presidente che deve guidare il Paese più importante al mondo per un periodo di quattro anni. Ciò che è avvenuto era, quindi, inevitabile. Forse tardivo.

L'AMERICA DI TRUMP

Professor Prodi, nonostante tutto quello che abbiamo raccontato sui suoi quattro anni tumultuosi alla Casa Bianca, sulle politiche fatte solo per i ricchi, sulle accuse di sessismo, sui processi, sulle condanne, sull'assalto eversivo a Capitol Hill, sulle braccia tese a Putin, Trump rivince e diventa il quarantasettesimo presidente degli Stati Uniti. Rivince a valanga espugnando gli Stati-chiave dalla Pennsylvania al Michigan. Rivin-

ce conquistando Senato e Camera e annunciando «l'età dell'oro». Rivince dicendo che i migranti haitiani negli Stati del Sud mangiano i gatti degli americani. Rivince dicendo che lui ha bisogno degli stessi generali che aveva Hitler. Chiedersi come sia possibile, da democratici, ormai serve a poco. È successo, e tanto basta...

Sì, è successo, nonostante tutto. Io ovviamente ho fatto il tifo per Kamala Harris. Da un lato, il quadro della situazione mondiale così compromessa ha aiutato Trump, dall'altro lato, diciamola tutta, i democratici hanno sbagliato. Hanno sbagliato a non smontare per tempo l'ipotesi della ricandidatura di Biden: avrebbero dovuto convincerlo molto prima a fare il passo di lato, riconoscendogli i meriti enormi che ha avuto e tributandogli tutti gli onori che un presidente come lui deve avere. Questo avrebbe permesso al partito di preparare una vera convention, con una pluralità di candidati, con una riflessione politica vera sul programma. Solo così sarebbe stato possibile costruire le condizioni per una vittoria netta sul piano dei numeri e ampia sul piano dei territori. E invece, dovendo salire sul treno in corsa a poche fermate dall'arrivo, Kamala Harris ha potuto fare ben poco. Alla fine il messaggio progressista è rimasto un po' vago, si è perso tra l'inseguimento delle varie minoranze e dei singoli segmenti di società. È mancata una visione complessiva, cioè un'idea dell'America. Questo è emerso soprattutto rispetto al conflitto israeliano-palestinese, così importante per la politica interna americana: biasimando quotidianamente Netanyahu, ma fornendogli contemporaneamente le armi più sofisticate,

Biden ha finito con lo scontentare tutte e due le minoranze così influenti nella politica interna americana.

È tutto vero, ma la domanda che mi pongo, e che le pongo, è: qual è la «visione» di Trump? Perché gli americani riaprono a lui le porte della Casa Bianca, dopo tutto quello che ha fatto o non ha fatto dal 2016 a oggi? Ci sono i limiti della sinistra, e quelli lei li ha elencati tutti. Ma ancora una volta mi pare abbia prevalso la voglia dell'uomo forte, che quindi significa dell'America forte, che pensa a fare grande se stessa e se ne frega dei problemi del mondo. Da questo punto di vista, credo che sull'immaginario degli americani l'attentato a Butler del 14 luglio abbia avuto un impatto determinante. Quel «fight, fight, fight» che Trump urla al cielo dopo essere stato colpito all'orecchio resta nella storia. «The Donald» che arringa la folla col solito impeto distruttore, che all'improvviso si scuote, si accascia, viene sommerso dagli uomini della security mentre intorno scoppia il caos, e dopo pochi secondi lui che si rialza con il sangue che gli cola sul viso dall'orecchio ferito, alza il pugno in alto e con quel «combattete, combattete, combattete» chiama il suo popolo alla lotta, come esige il titanismo del tycoon, così abile e bugiardo, e come pretende l'epopea di una nazione che ha costruito il suo mito fondativo sugli eroi capaci di cadere e di risollevarsi giorno per giorno, metro per metro. Forse esagero, ma quel fotogramma di Butler, Trump in piedi tra un manipolo di agenti, con il pugno al cielo azzurro dove sventola una bandiera americana, ricorda quasi l'immagine iconica di Joe Rosenthal del febbraio 1945, con i marines che issano il drappo a stelle e strisce sul monte

Suribachi, a Iwo Jima. Insomma, voglio dire che la leggenda del commander in chief invincibile, in missione per conto di Dio, non può non imporsi, in un'America che ha smarrito se stessa.

Non c'è dubbio che, tra le tante ragioni che ora spiegherò e per le quali gli americani lo hanno votato, l'idea del «macho» è quella prevalente: l'uomo solo al comando, il tambureggiante «America first». È il riflesso della frustrazione americana, delle divisioni e delle fratture sociali della nazione che si affida a quello che le sembra il più forte e il più capace di ricomporle una volta per tutte. Non per nulla a votare in massa per Trump è stato il maschio protestante ed evangelico, cioè il nucleo duro della sua rappresentanza politica, il blocco sociale più adatto a trasformare l'«America first» in una vittoria.

E torniamo al solito «forgotten man», che l'aveva fatto vincere nel 2016 e lo fa rivincere anche nel 2024. Mi chiedo però per quale motivo i democratici, nonostante le politiche sociali di Biden, non abbiano intercettato quel voto...

La buona politica economica di Biden e gli ottimi risultati che il presidente ha portato a casa in quattro anni non sono bastati. I democratici non hanno potuto far nulla contro l'aumento dell'inflazione e il rialzo dei prezzi che, come sia sa, rappresentano la vera preoccupazione di ogni cittadino, non solo americano. Certamente Biden non è stato aiutato dalle decisioni della Banca della Riserva Federale che, con i suoi ritardi nell'agire sui tassi di interesse, ha favorito il fenomeno inflazionistico.

Mi chiedo perché abbiano pensato invece che Trump risolverà anche questi problemi. Può bastare una sceneggiata al McDonald's di Feasterville in Pennsylvania, uno dei sette Stati-chiave dove si è deciso il voto, con «the Donald» in grembiule a servire Big Mac e Filet-O-Fish, a convincere i maschi bianchi impoveriti dalla deindustrializzazione a votare per lui? E che dire del solito Musk, che per sostenerlo lancia la lotteria da un milione di dollari al giorno per chi, registrato al voto in uno dei sette «Wing-States», sottoscrive la petizione «a favore della libertà di parola e del diritto di portare armi»?

Lo sappiamo, le campagne elettorali, soprattutto negli Stati Uniti, vivono anche di questi colpi a effetto. Ma insisto: il problema vero è che la maggioranza degli americani ha ritenuto che l'amministrazione Biden non abbia fatto quello che doveva per difendere i loro portafogli dal carovita. E poi, per riprendere il filo del mio ragionamento, vi è stato un secondo ostacolo, forse persino più difficile da superare, cioè il sostanziale fallimento delle politiche sulla sicurezza interna, sul ruolo internazionale degli Stati Uniti e sull'immigrazione, la cui gestione, affidata proprio a Kamala Harris durante i quattro anni del mandato, è stata timida, confusa, contraddittoria.

Deve averlo capito lei stessa, visto che l'8 ottobre, a un mese dal voto, in un'intervista a Oprah Winfrey ha detto addirittura che possiede una pistola Glock, che ha sparato più volte al poligono e che, se servisse per difendersi, sarebbe pronta a usarla…

Negli ultimi due mesi di campagna elettorale, Kamala Harris ha tentato di imprimere alla sua comunicazione una netta virata securitaria. Ha provato a inseguire Trump, sul pugno duro contro i migranti ispanici. Ma come sempre succede – non solo in America, ma anche dalle nostre parti – tra l'originale e la copia il cittadino sceglie sempre l'originale.

Detto questo, professore, il grande punto interrogativo adesso è un altro: che farà Trump? Cosa ci dobbiamo aspettare da questo ritorno alla Casa Bianca di un uomo che, come racconta il film-biopic The Apprentice, *ha avuto per maestro uno spregiudicato avvocato newyorchese che gli ha lasciato questi tre insegnamenti: attacca in continuazione, non dire mai la verità, nega sempre di aver perso.*

Con un personaggio del genere non c'è nulla su cui puoi mettere la mano sul fuoco e dire «farà così». Per gli insegnamenti e le esperienze che ha avuto e certamente per il suo carattere, Trump inizia il suo secondo mandato all'insegna dell'inaffidabilità assoluta, che non potrà che essere dannosa. Per Trump la Costituzione non è altro che carta straccia e purtroppo la conseguenza non potrà che essere un ulteriore affievolimento della democrazia, non solo negli Stati Uniti, ma a livello mondiale.

Cominciamo dall'economia. Il primo Trump aveva combinato poco o niente. In genere, lo dicevamo anche ai tempi di Berlusconi, dopo che hai contratto il virus una volta, a quella successiva non lo prendi perché sei immune. Invece in America non va così. Il virus ha attecchito di nuovo. Come sarà la Trumponomics nel secondo mandato?

Per Trump l'economia è una sfida urgente e importante. La sua dottrina è: «abbassiamo le tasse». Detta così, sembra semplice. È chiaro che «abbassiamo le tasse» è il magnifico slogan che l'ha accompagnato durante tutta la campagna elettorale, insieme a «picchiamo sui migranti». A queste due ricette – che funzionano in tutte le campagne elettorali – Trump ne ha aggiunta un'altra: aumentiamo enormemente le tariffe doganali, con una progressione che sarà del 10 per cento per tutto il mondo, Europa compresa, fino al 20 per cento, poi al 60 per cento per tutti i prodotti che provengono dalla Cina, fino ad arrivare al 100 per cento per le automobili cinesi. Tanto – questo è il suo ragionamento – i dazi non sono percepiti come tasse dai cittadini.

Ma un impatto sui prezzi ce l'hanno ugualmente!

Certo che sì, infatti si calcola che questi aumenti delle tariffe doganali, traslate sui prezzi al consumo, peseranno per circa 2600 dollari all'anno per ciascuna famiglia americana. In pratica un aggravio da 200 dollari al mese. Queste sono le ricadute che toccheranno direttamente solo il popolo americano. Vi è però una conseguenza molto più grave. La politica di chiusura e di autarchia sarà ovviamente imitata da tutti i Paesi che sono in concorrenza con gli Stati Uniti. Ne conseguirà una ovvia decrescita, certamente non felice, dell'economia mondiale: dei Paesi ricchi e dei Paesi poveri.

Non è poco.

No, non è poco. Cominciamo con il dire che il consumatore non si renderà conto che l'aumento del costo della vita è l'effetto della stangata sulle dogane. Siamo al paradosso che, con queste idee balzane, il «modernissimo» Donald ci propone un ritorno all'Ottocento, quando in tutti i Paesi, dalla Gran Bretagna all'Italia, le imposte più rilevanti erano costituite dai dazi. Nel programma è compreso anche l'aumento del 100 per cento delle tariffe per quei Paesi che vogliano ridurre la dipendenza dal dollaro: una vera e propria forma di punizione per chi decide di allontanarsi dalla sfera di influenza statunitense. In pratica si ottiene l'effetto opposto, preparando l'alternativa al Dollaro. I Paesi minacciati saranno costretti a compiere ogni sforzo per costruire un'alternativa al biglietto verde. Un'alternativa oggi molto difficile, ma che sarà resa più facile dalla necessità di unirsi di fronte allo strapotere della moneta americana. Inoltre l'intero pacchetto – che in termini di propaganda interna ha dato oggettivamente i suoi frutti, portando Trump alla rielezione – non ha alcuna possibilità di rilanciare l'economia americana perché la riduzione delle tasse sarebbe molto più forte delle possibili entrate derivanti dall'aumento dei dazi. Quindi, se davvero perseguisse il programma che ha annunciato, Trump graverà la nazione di un deficit aggiuntivo dell'incredibile cifra di quasi 6 trilioni di dollari in dieci anni. Un macigno che non potrà essere sostenuto neanche da un colosso come gli Stati Uniti e che porterà instabilità su tutta l'economia mondiale.

Però Trump ha annunciato anche misure forti contro il carovita...

Il suo slogan di politica economica, riassunto dai suoi think tank, è questo: «Low tax, low energy cost, low interest rates, fighting inflation». Cioè taglio alle tasse, abbassamento dei cosi dell'energia, contenimento dei tassi di interesse e lotta all'inflazione. Tutte queste promesse non possono stare insieme perché sono incoerenti tra loro. Oltre tutto, se il suo obiettivo dichiarato con l'«America first» è la reindustrializzazione del Paese, mi si spieghi come la si possa raggiungere mettendo vincoli all'import/export! Come dicevo prima, se consideriamo tutte queste cose insieme, il tratto saliente del secondo Trump sarà l'incertezza. E anche l'imprevedibilità, che tra l'altro per i mercati è il peggiore dei mali.

Insomma, la Trumponomics sarà sicuramente un punto interrogativo, ma che costa 6 trilioni di dollari, visto l'immenso deficit federale che inevitabilmente finirà per pesare anche sul resto del mondo.

Parliamo spesso, e giustamente, del debito italiano, ma per l'economia mondiale il grande problema è ormai il debito americano che, con il programma di Trump, non potrà che crescere senza controllo. Il boom del deficit federale USA diventerà uno dei più grandi problemi del pianeta. Tradotto in soldoni, il tanto sbandierato «Make America Great Again» è solo in apparenza un rilancio della linea di quattro anni fa. In realtà la rende ancora più dura e aggressiva. Del resto, Trump ha fiutato l'aria nuova e ha liquidato un po' di suoi consiglieri di allora, scavalcando persino le dottrine già ultraconservatrici della Heritage Foundation. Per tutte queste ragioni, il MAGA segnerà un grande passo indietro sulla strada dello sviluppo mondiale.

E chi potrà arginarlo?

Nessuno. D'altra parte, questa chiusura quasi autarchica delle economie riflette teorie politiche economiche purtroppo in voga anche al di qua dell'Atlantico. Tutto il mondo ha ormai di fatto mollato il WTO e snobba i trattati commerciali. Trump non fa altro che estremizzare e nazionalizzare queste tendenze, che però sono già in voga ovunque. Quindi non trova molti ostacoli sul fronte internazionale. Grosso modo, credo di prevedere come Trump fingerà di portare avanti il programma: grandi attacchi a tutte le forme di regulation, nessuno sconto all'Europa, di cui non gli importa nulla, e severità assoluta con la Cina, che invece gli interessa moltissimo. E poi, grande offensiva contro la Federal Reserve nella gestione della politica monetaria e dei tassi di interesse. Il suo obiettivo è infatti quello di essere il solo al comando, addirittura senza «l'intralcio» della Banca Centrale.

Come fanno tutte le autocrazie, dalla Russia di Putin alla Turchia di Erdoğan. D'altra parte, anche sulle politiche migratorie Trump non fa altro che riflettere una tendenza comune a tutta l'Internazionale sovranista, di cui non a caso era leader proprio il supertrumpiano Steve Bannon...

Trump finirà di costruire il muro lungo il confine con il Messico e ha specificato che provvederà alla più grande deportazione della storia americana. Anche Harris di fronte al cambiamento dell'opinione pubblica americana aveva dovuto indurire la sua precedente politica migratoria, ma con Trump si arriva a un estremo senza precedenti, tra l'altro impossibile da mettere pienamente in atto perché questa forma, così radicale, avrebbe conseguenze disastrose per gli enormi investimenti americani già realizzati in Messico.

E della politica estera cosa mi dice? Farà finire lui le due guerre? Mentre il primo ministro israeliano Netanyahu forse dorme sonni più tranquilli, il presidente ucraino Zelensky avrà solo incubi. Trump lo ha definito «il miglior piazzista sulla faccia della terra: ogni volta che viene nel nostro Paese se ne va con 60 miliardi».

Non credo che Trump, da solo, riuscirà a far finire le guerre. Ma a mio parere è pressoché certo un aiuto più massiccio a Israele e una forte riduzione dell'aiuto all'Ucraina. Non solo perché è legato a Putin da un'amicizia personale, come ha spiegato anche a Zelensky in occasione della sua visita alla Trump Tower il 27 settembre. Ma anche perché è veramente convinto che l'Ucraina sia una faccenda esclusivamente europea. Lasciando che sia l'Europa a «morire per Kiev», Trump raggiunge due obiettivi geostrategici. In primo luogo indebolire ulteriormente l'Europa, scaricando sulle sue spalle l'onere bellico della difesa ucraina e dunque costringendola a politiche di austerity ancora più severe. In secondo luogo ricucire un rapporto con la Russia, per isolare la Cina sul piano economico, politico, militare e persino energetico. Anche lo stop al Green Deal e la politica dei dazi per Trump servono a questo: impedire a Xi Jinping di esportare l'eolico e il solare, mercati sui quali i cinesi hanno una forza dirompente e in qualche caso, come le terre rare, quasi monopolistica.

Non le parlerò dell'ONU, che purtroppo è già l'ectoplasma che sappiamo. Ma in tutto questo la NATO che fine farà? Come tutti gli organismi multilaterali, questa fase di entropia, anche l'Alleanza atlantica è in crisi nera. Le spese militari crescono ovunque, ma ognuno fa per conto suo, e ne parleremo nel capitolo sull'Europa e sulla difesa comune. L'effetto deterrenza, decisivo ai tempi dell'URSS e del bipolarismo atomico, sembra ormai solo un residuo del passato. Con la gestione Stoltenberg la NATO ha fatto spesso la faccia feroce, ma si è mostrata per quello che è: un gigante con i piedi d'argilla. Vedremo come andrà con il segretario olandese Rutte, ma il problema non mi pare il «manico», come si dice. È il patto in sé che è fragile, e che con Trump al potere in America rischia addirittura di disintegrarsi. È stato proprio «the Donald» a dirlo, nel febbraio 2024, spingendosi al punto da incoraggiare Putin ad attaccare i Paesi che non pagano la loro quota all'Alleanza atlantica. Raccontando di un incontro con un leader straniero durante la sua prima presidenza, l'inquilino appena tornato alla Casa Bianca aveva detto che gli Stati Uniti non avrebbero protetto un membro della NATO che non avesse raggiunto l'obiettivo di spesa militare concordato per la difesa congiunta (cioè almeno il 2 per cento del PIL). In un ipotetico attacco di Mosca, Trump ha avvertito: «Incoraggerei la Russia a fare quello che diavolo vuole. Non hai pagato? Sei moroso? E allora non vi proteggerei». Su queste basi, che ne sarà del Patto atlantico?

Per l'incertezza e l'imprevedibilità di cui parlavo prima, non escludo niente. Neanche l'uscita degli Stati Uniti dalla NATO. Ma se devo fare una previsione fondata sulla ragionevolezza, mi pare che uno scenario del genere, nonostante l'isolazionismo trumpiano, non corrisponda ad alcuno degli interessi americani. Compresi quelli dell'industria militare.

Veniamo all'Europa, che «the Donald», nell'ultimo comizio prima del voto, ha definito «carina, ma tremenda». C'è chi sostiene che il «divorzio» di Trump dall'Unione potrebbe rappresentare la scossa che manca a risvegliarla dal letargo. Io ci credo poco, e lei?

In effetti registro questo retropensiero in alcuni europei, convinti che questi gesti di distacco americano dalla UE accelererebbero la solidarietà tra gli Stati membri e renderebbero inevitabile una rapida difesa europea. È l'antica, nobilissima teoria di Jean Monnet, secondo la quale l'Europa riesce a dare il meglio di sé nei momenti più critici e i passi avanti migliori li ha sempre compiuti all'indomani di una crisi.

E lei non ci crede più?

Vorrei tanto, ma non ci credo più. L'Europa si sta riducendo a una somma di piccoli legami tra Stati, legami tenuti insieme da un mercato comune. Non è ancora pronta a reagire al trauma e ad approfittare delle opportunità che un rapporto più equilibrato con l'America le potrebbe offrire. E vuole sapere che farà Trump con l'Europa? La dividerà, ancora più di quanto non lo sia già. Sarà un errore fatale perché anche gli Stati Uniti hanno bisogno di un'Europa forte con la quale condividere, moltiplicandoli, i vantaggi di cui già l'America gode. Gli Stati uniti vendono all'Europa l'80 per cento degli armamenti militari più sofisticati. Le grandi imprese a Rete sono in gran parte americane. All'America un'Europa forte, anche nel Mediterraneo e nelle politiche africane, apporterebbe enormi vantaggi. Se volesse davvero contenere la Cina, Trump dovrebbe aiutare l'Europa a crescere, invece di frammentarla ancora di più. Basta analizzare la realtà per capirlo.

Proviamoci, professore.

La Cina ha 1,4 miliardi di abitanti, il 19 per cento della popolazione mondiale e il 7 per cento delle terre coltivabili. È la prima potenza industriale del mondo, in termini quantitativi, ma non ha energia e materie prime per sostenerla. Per Xi, quindi, il commercio estero è vitale e questo rende quell'immenso impero una calamita per tutti i Paesi, dall'Asia all'Africa fino all'America Latina, che hanno bisogno di vendere i loro prodotti. Gli Stati

Uniti, per contro, hanno ogni ben di Dio: esportano energia e cibo. Avrebbero bisogno di allargare ancora di più il loro mercato, rafforzando i legami con l'Europa invece di indebolirli. Esiste una mappa del mondo sulla quale sono raffigurati in rosso i Paesi che commerciano più con la Cina che con gli Stati Uniti, mentre in blu quelli che fanno il contrario. È stupefacente: in blu c'è solo l'Europa occidentale, mentre il resto del mondo è già tutto rosso, comprese le economie emergenti. Lula riconquista il potere in Brasile e la sua prima visita di Stato è stata in Cina. Non lo ha fatto perché è comunista, come pensa Trump, ma semplicemente perché se non vende la soia ai cinesi il Brasile muore di fame. Questa è l'economia mondiale. E gli americani, da soli, dove credono di andare? Non si accorgono di quanto siano accresciuti il distacco e la diffidenza della gran parte dei Paesi del mondo nei loro confronti.

Ecco, questa notazione mi sta molto a cuore. Come nel mondo monta un rancore verso Israele, con la presidenza Trump può crescere un sentimento di odio verso l'America. Io penso che il trumpismo abbia cambiato anche l'anima dell'America. Altrimenti gli americani non avrebbero rivotato un uomo che a Capitol Hill, nel gennaio 2020, ha di fatto chiamato il suo popolo a un colpo di Stato. Che fine fa, anche nell'immaginario di noi occidentali ed europei, l'America delle libertà, dei diritti, dei padri pellegrini sbarcati dalla Mayflower, *della prima Costituzione del 1787, delle storiche lotte contro il raz-*

zismo di Martin Luther King, delle grandi conquiste civili e democratiche del Novecento?

L'America è cambiata profondamente. Trump l'ha deviata e snaturata, e io sono convintissimo che l'incompatibilità di questa sua politica farà danni non solo al resto del mondo, ma anche e soprattutto agli Stati Uniti. L'immagine di un'America cattiva, solitaria, quasi autarchica e orgogliosa del suo isolazionismo aggressivo darà frutti avvelenati in patria, e poi anche a noi. In ogni campo: dalla politica all'economia, dalla società alla cultura.

Proprio qui volevo arrivare. La straordinaria forza dell'Impero americano – al di là della sua «hard power», cioè la potenza militare, industriale e tecnologica – nasce da quello che Joseph Nye, nei primi anni Novanta e poi durante la guerra di Bush in Afghanistan a in Iraq, definì «soft power»: cioè il «potere dolce», capace di persuadere, convincere, attrarre nella propria sfera di influenza grazie ai valori, ai principi, alle istituzioni, alla cultura, alla letteratura, alla musica. In fondo, per noi, l'America è stata sempre non solo i marines che sbarcano ad Anzio e Neil Armstrong che fa il primo passo sulla luna, ma anche e soprattutto romanzi, film, canzoni. Da Faulkner a Roth, da Dustin Hoffman a Bob De Niro, da Michael Jackson a Bruce Springsteen. Non voglio esagerare, ma non si sta perdendo un po' anche un'idea romantica degli States con il trumpismo da combattimento di questo tempo?

Considero questo tema davvero fondamentale. Purtroppo stanno ormai indebolendosi anche le fondamenta culturali sulle quali l'America ha costruito il suo modello: appunto il «soft power» che è democrazia, società aperta, tolleranza, libertà. Come dice lei: l'arte, la musica, il cinema, insomma tutto questo fantastico mondo, questa straordinaria potenza immateriale, con Trump si isterilisce. Si affievolisce fatalmente il potere seduttivo dell'America esportatrice di cultura, di stili di vita, di modelli di consumo e di entertainment. E non è una perdita da poco. Per loro e per noi.

Ci tocca un'ultima considerazione, dopo il ritorno di Trump. Per quanto sia frutto di una contesa elettorale in quella che è e resta la più grande democrazia del pianeta, sappiamo bene che la «passione democratica» del presidente appena rieletto non è poi così spiccata, al contrario della sua palese ammirazione per gli autocrati. Aggiungiamo che, con questa impetuosa rivincita, Trump occupa la Casa Bianca, il Congresso, la Corte Suprema, quindi ha in mano tutte le leve del potere, senza più alcun bilanciamento. La stonata campana americana non suona anche per tutte le altre democrazie occidentali?

Certo, suona anche per noi. Va detto che questo indebolimento del pensiero democratico non è cominciato con la vittoria di Trump, ma certamente dalla vittoria di Trump riceve un terribile imprimatur. Il processo di logoramento deriva dal «corto-termismo» del ceto politico che, quasi ovunque, pensa solo a raccattare voti a ogni costo, da leadership poco coraggiose che accorciano i tempi e gli orizzonti, da cittadini sempre più demotivati che percepiscono la provvisorietà dei programmi e l'inutilità del suffragio universale. Per questo cresce il fascino dei governi autoritari che sembrano gli unici in grado di portare avanti progetti di lungo periodo. È una distopia, ovviamente, ma in questo momento purtroppo funziona presso opinioni pubbliche sempre più frustrate e disincantate. La vittoria di Trump è tutto questo. D'altra parte, ha avuto un grande maestro...

Reagan?

Macché! Silvio Berlusconi. È lui che ha cominciato a destrutturare la democrazia, ibridandola con il potere economico e con quello mediatico. Dal Cavaliere in poi, nulla è stato più come prima. E il processo è in pieno corso, accelerato dal web e dalle nuove tecnologie.

E qui – come si dice – casca l'asino. Il web e le nuove tecnologie hanno avuto un ruolo nevralgico in questa campagna elettorale. Se vogliamo ancora di più di quanto non lo ebbero in occasione delle presidenziali che incoronarono Obama, il primo a intuire l'enorme potenzialità della Rete dal punto di vista della raccolta dei consensi. Al supporto sfacciato di Elon Musk abbiamo accennato, e ne parleremo più diffusamente tra poco. Ma negli ultimi giorni prima del voto un altro fatto ha catalizzato l'attenzione dell'opinione pubblica: il mancato endorsement per Kamala Harris da parte del «Washington Post», il giornale che nell'autunno del 1972 scoprì lo scandalo Watergate e fece dimettere il presidente Richard Nixon il 9 agosto 1974. Questa svolta improntata alla «neutralità» si può considerare storica, per il leggendario quotidiano che dal 1976 non ha mai mancato di dire pubblicamente da che parte stava tra i contendenti in corsa per la Casa Bianca. La scelta, in questa occasione, si deve al suo editore, che non è un imprenditore qualsiasi, ma è Jeff Bezos, padrone di Amazon e uno dei capitalisti più ricchi e influenti del pianeta: dopo un incontro con Trump, a quanto pare, Bezos ha imposto al direttore e alla redazione di non pubblicare alcun editoriale di sostegno alla candidata democratica. Questo ha scatenato lo sdegno dell'intero corpo giornalistico. Robert Kagan, forse la firma più prestigiosa della testata, si è dimesso dal giornale, parlando di «una sorta di inchino preventivo» davanti a chi si riteneva fosse il probabile vincitore delle elezioni, per poi aggiungere ai microfoni della CNN*: «Possono dare mille ragioni per spiegare una scelta del genere, ma penso che dovremmo vederla chiaramente per quel che è: l'inizio del modo in cui Trump controllerà i media, in particolare quelli in mano alle grandi aziende. Perché tutta l'America delle multinazionali si sta inchinando a lui».*

Difficile, se non impossibile, dare torto a Kagan. I fatti parlano da soli.

Altri sedici editorialisti si sono dissociati dall'editore: «Questo è il momento in cui la nostra istituzione deve rendere chiaro il suo impegno nei confronti dei valori democratici e dello Stato di diritto, delle alleanze internazionali e della libertà di stampa, dei principi della Costituzione e della minaccia che Trump rappresenta per loro». La stessa posizione l'hanno espressa i due mitici cronisti-simbolo protagonisti di Tutti gli uomini del presidente, *Carl Bernstein e Bob Woodward, che considerano Trump «un pericolo per la democrazia». Da giornalista, mi sta a cuore riflettere sul futuro della libera stampa: sono giusti – come io credo – i sospetti di chi teme che con Trump l'informazione sarà sottomessa al potere politico come non è mai capitato da decenni?*

Sono giusti, purtroppo. Anche i colossi del web, tanto più se possiedono giornali, hanno interessi che incrociano le decisioni dei governi. E con un presidente spregiudicato come Trump è facile immaginare quali siano i condizionamenti possibili, prima e dopo il voto.

Qui però c'è anche l'altra faccia della medaglia, che ci tocca guardare fino in fondo. Non abbiamo la controprova, ma c'è un rischio. Per riassumerla nel modo brutale in cui l'ha detta Bezos: nessun cittadino va al seggio a votare con l'editoriale di un quotidiano tradizionale sotto il braccio. E non a caso, a meno di una settimana dal voto, Trump è arrivato con quasi quattro ore di ritardo a un grande evento pubblico in Michigan, uno dei sette Stati-chiave, perché ha preferito concedere un'intervista di tre ore al podcast di Joe Rogan, comico, libertario, no-vax, che quattro anni fa ha venduto il suo «prodotto» editoriale a Spotify per 100 milioni di dollari. Il podcast-intervista con «the Donald», in un pomeriggio, è arrivato a 33 milioni di americani. Per raggiungere lo stesso numero di persone, la CNN *dovrebbe fare 100 serate in «prime time», e la Fox almeno 50. C'è davvero da chiedersi che democrazia ci aspetta, con questi «chiari di Rete».*

LA DEMOCRAZIA APPESA AI CAPITALISTI DIGITALI

Professor Prodi, se ragioniamo delle prospettive della democrazia americana, e non solo di quella americana, non possiamo non riflettere sul rapporto sempre più incestuoso tra l'autonomia del potere politico e la tirannia del potere digitale. La domanda che dobbiamo porci è se e in che misura i turbocapitalisti al comando di conglomerate come Apple e Google, Microsoft e Amazon, Facebook e X – con fatturati ormai largamente superiori al PIL *di Paesi come la Polonia o il Messico – possano facilitare o ostacolare l'ascesa di un partito piuttosto che un altro, oppure condizionare le decisioni di un governo. L'esempio più classico, perché esplicito e dichiarato, è proprio Elon Musk che fa il cheerleader ai comizi di Trump, e ne sostiene la campagna elettorale con i suoi finanziamenti miliardari e con la sua rete social. Non per caso «the Donald», nel suo primo discorso a Palm Beach dopo la vittoria, ha voluto ringraziare pubblicamente Musk definendolo «un supergenio». Il politologo Ian Bremmer ha twittato: «La democrazia non è fatta per sopportare un tale concentrato di soldi e disinformazione». E se a tutto questo associamo le infinite potenzialità offerte dall'intelligenza artificiale, ce n'è abbastanza per chiedersi come possano cambiare o deperire le liberaldemocrazie occidentali.*

Tema nevralgico, a tutti gli effetti. Il capitalismo della sorveglianza, quello rappresentato dal cosiddetto OTT – i marchi «over the top» che lei citava prima – hanno già uno strapotere economico-finanziario che mai si era visto nella storia, sia in termini quantitativi che qualitativi. Ora è chiaro che con l'intelligenza artificiale questo strapotere aumenterà in maniera esponenziale. Parliamo di raccolte quantitative di dati, a livelli quasi incalcolabili: è chiaro che non possono far altro che aumentare la concentrazione della conoscenza e quindi del potere. In questo, gli Stati Uniti sono un vero e proprio laboratorio. Intanto perché sul piano delle tecnologie digitali e informatiche sono e restano ancora i padroni del campo. E poi perché, per questa stessa ragione, avendo in casa tutti i protagonisti di questo nuovo superpotere della tecnica, ne sperimentano per primi le implicazioni politiche.

E dunque?

Partiamo da una premessa: la coscienza democratica si è indebolita. Ho passato buona parte dei miei primi dieci anni di ricerca postlaurea – andiamo a cinquant'anni fa, quindi non poco – studiando l'antitrust, che era americano. Noi europei l'abbiamo costruito sul loro esempio. E l'antitrust americano era partito dalla vecchia dottrina dello Sherman Act, che limitava l'attività di una impresa solo quando abusava della sua posizione dominante. Poi la dottrina si è evoluta e ha cambiato orientamento. Il nuovo paradigma era il seguente: è la grandezza di per sé che mette a rischio i sistemi democratici. Non è necessario che una impresa abusi del suo potere per dover essere limitata; è sufficiente che, data l'eccessiva grandezza, il suo potere sia considerato un possibile rischio per l'equilibrio dei poteri democratici. In base a questo, l'antitrust americano arrivò al punto di frammentare la più grande impresa telefonica del mondo, la AT&T e di obbligare la IBM a vendere una gran quantità delle sue divisioni industriali. Ormai da qualche decennio, tuttavia, l'America ha smesso di occuparsi e di preoccuparsi di questo, anche se negli ultimi tempi il problema sta ritornando all'attenzione. Lo stesso Biden ha però innovato ben poco in materia. Le uniche cose che l'antitrust americano ha fatto è stato punire comportamenti specifici con multe non rilevanti. Ma per il resto, poco o nulla.

Per gli standard di ricavo e profitto dei giganti del web, comunque, parliamo di «peanuts», per dirla con il loro slang: noccioline...

Esattamente. Ogni volta che penso a come dovrebbe essere disciplinata l'attività di questi giganti, mi torna in mente l'insegnamento di un mio vecchio collega che insegnava a Berkeley, quando io ero solo un giovane, allora promettente. Ebbene, noi studiavamo le grandi concentrazioni dell'industria americana, cercavamo di capire le ragioni per le quali qui colossi erano puniti dall'antitrust. La cosa che veniva fuori, al di là dei numeri, è che i padroni di quegli «imperi» economici erano antipatici e in genere malvoluti dalla gente perché facevano soldi a palate aumentando i prezzi sia nel settore petrolifero che in quello dei trasporti ferroviari. Oggi, al contrario, questi giovani «capitalisti della sorveglianza» sono quasi dei miti. I nostri figli, gratis, navigano tutto il giorno con il telefonino in mano e, in qualche modo, stabiliscono un contatto fisico, sia pure mediato dal «device», con i padroni della Rete.

Lei mi sta dicendo che, in quanto «pionieri dell'innovazione», simboli dell'ultramodernità, sono talmente popolari che nessuno si sognerebbe di toccarli, dal punto di vista del potere economico?

È così. Quale parlamentare avrebbe mai il coraggio di limitarne il raggio d'azione? Se lo facesse, i suoi figli, consumatori compulsivi del cellulare e dei social, lo caccerebbero di casa! Sembra una riflessione banale, ma questa è la grande evoluzione della democrazia nel rapporto con il nuovo capitalismo digitale: non vi è più il senso del potere «cattivo», del monopolio del potere. Questi giganti, detta in modo spiccio, sono simpatici, sono sognatori, sono esibizionisti. Vale persino per Musk. Vanno di moda, vestono casual, non sono i padroni del vapore con il tabarro. Soprattutto il consumatore, cioè il cittadino che vota, dalla loro attività, che li remunera a peso d'oro, traggono solo vantaggi. I dati personali vengono usati per scopi commerciali? Pazienza, non importa a nessuno! Tanto ormai tutti pubblicizzano il proprio privato ogni ora e ogni giorno, su Instagram o su TikTok, Facebook e così via. E questo vale non solo per le persone fisiche, ma anche per le imprese. Prenda Amazon, per esempio, che ha iniziato da tempo a fare consulenza per le aziende, con l'obiettivo di aiutarle nell'export e nell'apertura di nuovi mercati. Sono servizi che cambiano i nostri costumi, i nostri consumi e le nostre città: chiudono infatti i negozi e si desertificano i centri storici. Ma ritornando al cittadino-consumatore-elettore: che gliene importa? Da tutto questo egli trae solo benefici. Mentre la benzina dei grandi petrolieri si pagava di più e quindi si premeva sul potere politico perché intervenisse, prodotti e informazioni arrivano a casa al miglior prezzo. E questa, alla fine, per le persone è l'unica cosa che conta. Così torniamo a bomba: come fa, un antitrust, a citare Amazon, Google, Apple o X di Musk? E se un'autority ci prova, o un politico ci crede, chi si trova al suo fianco?

Azzardo un'ipotesi: nessuno. E quindi, lei dice, l'autority o il politico neanche ci provano, giusto?

Giusto. Questo sa cosa vuol dire? Che questi giganti cambiano la democrazia dall'interno, senza che neanche ce ne rendiamo conto. E la valutazione costi/benefici è tutta dalla loro parte. Ti «rubano» i dati? E che vuoi che sia, se li tengano pure, basta che mi permettano di continuare a navigare gratis sul web, a postare i miei video e le mie foto, a mettere i miei like e le mie emoticon.

Questo ci porta a una considerazione sociologica più complessa e complessiva. Siamo dentro fino al collo alla Infocrazia, *di cui scrive Byung-chul Han nel suo saggio omonimo (Einaudi). «Il telefono portatile come apparato di sorveglianza e sottomissione», che «sfrutta la libertà e la comunicazione». È il paradosso di cui stiamo parlando anche noi: nella «Blogosfera» e nel regime dell'informazione gli esseri umani si sentono del tutto liberi, non avvertono alcuna forma di controllo esterno. E qui si nasconde la trappola: è proprio questo senso di libertà del cittadino-consumatore-elettore che garantisce il dominio ai padroni della Rete. Parlo di «trappola» a ragion veduta: nel suo libro Han cita come metafora di quello che stiamo descrivendo il flagship store della Apple a New York, che è un cubo di vetro, e che dunque vuole rappresentare un «tempio della trasparenza». Ma è solo una finzione, perché in realtà il colosso della Mela morsicata, con una costruzione che all'apparenza vuole suggerire libertà e comunicazione senza limiti, incarna «lo spietato dominio dell'informazione».*

Appunto. È proprio quello che intendo dire, quando affermo che quel manipolo di multimiliardari ci sta cambiando la democrazia sotto il naso.

Già che ci siamo, vorrei segnalarle un pericolo ulteriore. Questi padroni della Rete, a un certo punto, potrebbero non accontentarsi più di accumulare patrimoni personali superiori al prodotto interno lordo dell'Olanda seducendo il fruitore seriale di smartphone. Potrebbero fare politica in modo diretto, candidarsi alle elezioni avendo alle spalle la forza d'urto di ricchezze praticamente illimitate e i dati personali di ogni singolo elettore. Ogni tanto se ne parla, a proposito di Musk o di Zuckerberg. Sono scenari plausibili, che io trovo inquietanti. Lei no?

Ma no, io non ci credo. Non hanno alcun bisogno di fare politica in prima persona. Il vero potere lo esercitano già con quello che fanno. Bill Gates è già un dio, può fare tutto quello che vuole. E come lui, tutti i suoi «colleghi». Semmai l'ulteriore problema da considerare è un altro, e riguarda il modo in cui gli enormi investimenti sull'innovazione, le tecnologie digitali e l'intelligenza artificiale cambiano i profili economici e geostrategici del mondo. E qui la contesa non è West contro Rest, ma Stati Uniti contro Cina. Anche in questo «game», affascinante e inquietante al tempo stesso, noi europei purtroppo non siamo in campo.

Stiamo in tribuna, a fare video con lo smartphone, a mangiare popcorn e a guardare chi vince. Senza accorgerci che stanno cambiando tutte le regole del gioco.

Speriamo solo che, rispetto alla democrazia, non appaia un giorno sullo schermo: «game over».

2

La vendetta dello zar: guerra all'Ucraina e a un «Occidente decadente»

Professor Prodi, abbiamo ragionato delle false speranze e delle crescenti turbolenze successive alla caduta del Muro, poi dell'irruzione sulla scena dell'Islam jihadista e la reazione militare dell'Occidente, che proprio sull'Afghanistan e l'Iraq e sul progetto velleitario di «esportazione della democrazia» comincia a dividersi in modo sempre più evidente e dirompente. Forse è anche questo progressivo sfarinamento del fronte, che incide soprattutto sull'Europa fiaccata dalle crisi dei debiti sovrani, a spingere la «Nuova Russia» nel frattempo finita sotto il potere di Vladimir Putin – come aveva pronosticato con lei Michail Gorbačëv – a cullarsi nuovamente nei sogni imperiali della Santa Madre Russia degli zar. Gli anni 2004-2014 sono roventi, sul fronte orientale. Azzardiamo un riepilogo sommario dei fatti. A parte il conflitto balcanico, di cui già abbiamo parlato, Mosca affoga nel sangue le rivolte in Cecenia, fa sterminare i terroristi e fa assassinare i giornalisti (vedi Anna Politkovskaja). Soprattutto, continua a far sua una sorta di «dottrina Brežnev» rivisitata e allargata: nei confronti degli ex satelliti sovietici, cioè, applica il criterio delle «zone d'influenza». E l'Ucraina – terra della mitologica Rus' di Kiev del re saggio Jaroslav I già dal nono secolo – è considerata dal Cremlino quasi per definizione «zona russa». Ma la geografia e la Storia, ancora una volta, marciano a ritmi diversi…

La politica teologica ancora una volta fa impazzire la maionese.

Appunto. Nel 2004 la Rivoluzione arancione del leader populista e filoccidentale Juščenko allontana drasticamente Kiev da Mosca, e getta le basi per un rafforzamento dei contatti tra l'Ucraina e la NATO. *Nel 2010 il filorusso Janukovyč si prende la rivincita, instaura un regime duro che porta all'arresto della leader dell'opposizione Julija Tymošenko e fa di nuovo virare il Paese verso Mosca. Ma il 21 febbraio 2014 è ancora Rivoluzione: stavolta è Euromaidan, gli oppositori del regime insorgono, destituiscono Janukovyč, restaurano la Costituzione ucraina, aboliscono il russo come seconda lingua ufficiale. Inizia il caos, in Crimea le forze filorusse prendono il comando del territorio, e scoppia una quasi-guerra civile, con massacri e torture in piazza da una parte e dall'altra. Un referendum posticcio sancisce l'annessione della Crimea alla Russia, gli scontri tra ucraini europeisti e oblast' filorussi si allargano al Donbass, Putin manda le sue truppe e, specularmente, Stati Uniti, Regno Unito e Canada iniziano ad addestrare i militari ucraini nelle basi* NATO *al confine. L'11 febbraio 2015 Francia, Germania, Russia e Ucraina firmano gli accordi di Minsk, per mettere fine alle ostilità. Serve a poco, perché durante il «cessate il fuoco» l'accordo viene violato sistematicamente e alternativamente da tutte e due le parti. Nel dicem-*

bre 2021 la Russia propone una bozza di trattato che prevede la riduzione delle truppe occidentali al confine e la promessa vincolante che l'Ucraina non sarebbe mai entrata nella NATO. *America e Alleanza atlantica rifiutano. Di lì in poi comincia la discesa agli inferi, che il 24 febbraio 2022 convince Putin a lanciare con centocinquantamila soldati la sua «operazione militare speciale» in Ucraina. Le tragiche responsabilità del tiranno di Mosca sono chiare. Ma noi ce la caviamo così?*

È ovvio che tutto inizia a Mosca. Putin è stato sempre cultore di una teologia russa. Lui si considerava il nuovo zar, con l'appoggio totale della Chiesa ortodossa. D'altra parte il mio assoluto pessimismo sull'esito dei rapporti tra Russia e Ucraina si è consolidato nel momento in cui il patriarca di Costantinopoli ha sancito la divisione tra la Chiesa ortodossa russa e quella ucraina. Il legame fra Chiesa e Stato è una caratteristica fondamentale dell'ortodossia. È il ritorno non all'Unione Sovietica, ma al mito della Russia degli zar.

Tutti gli studiosi e gli opinionisti più esperti di Russia e di Putin concordano. Da Masha Gessen nel suo L'uomo senza volto*, a Michel Eltchaninoff nel suo* Nella testa di Vladimir Putin*: le basi ideologiche e persino filosofiche della dottrina putiniana affonderebbero addirittura nelle teorie panslave di Dostoevskij e dei filosofi russi dell'Ottocento, come Danil Danilevič.*

È proprio questo il suo retroterra. E lo dico anche con riferimento a chi oggi lo liquida con il soprannome «Vlad Mad», Vladimir il Pazzo. Bene, io che un po' lo conosco vi assicuro che è pericoloso, ma non è affatto pazzo. Non solo:

lui non ha mai fatto mistero di una sua incrollabile convinzione, e cioè che la caduta dell'Unione Sovietica sia stata una vera disgrazia, non solo per la Russia, ma per il mondo. È tuttavia convinto che non si possa ricostruire l'Unione Sovietica, ma la Russia degli zar sì. Forse, gli occidentali, hanno sempre sottovalutato questa componente sacrale del potere putiniano, che si accentua nel tempo man mano che il Patto atlantico a trazione anglo-americana assume una linea sempre più assertiva, fino ad arrivare all'invasione dell'Iraq, che anche per Putin fu quasi un punto di non ritorno. Racconto sempre un episodio vissuto che mi aprì gli occhi subito, alla prima e unica occasione in cui in vita mia ho sentito Putin parlare in inglese. Eravamo al vertice del G8 in piena guerra irachena. Eravamo seduti intorno al solito tavolone ovale, io da presidente della Commissione UE, e il presidente russo si alza in piedi, si rivolge a Blair e gli grida: «You are not God, you are not God!». Tu non sei Dio, tu non sei Dio. Non accettava questa idea della guerra santa dell'Occidente, e al tempo stesso, com'è naturale per uno con quel passato, pensava e reagiva da nazionalista russo e, a sua volta, aveva in mente una guerra santa. Fu un momento di tremenda tensione, che per me riproponeva il solito interdetto di politica estera: guai alla dottrina.

Si può dire che almeno da questo punto di vista lei era più in linea con Putin che con Blair?

Neanche per idea. Dei dissidi con Blair le ho detto. Posso aggiungere un altro ricordo, a proposito del G8 di Évian.

Era domenica mattina, io vado a messa con Flavia, in una piccola chiesetta impavesata con le bandiere della pace. Comincia la celebrazione, eravamo una decina di persone, e mentre il prete fa una predica molto pacifista entra Blair, che si siede accanto a noi. Io lo guardo, e senza dire niente gli indico con un cenno le bandiere della pace...

E lui?

Nulla. Impassibile. Mi sorride e continua ad ascoltare la messa.

Parafrasando il Qoelet, non era il tempo per la pace. Resta il fatto che questo rese ancora più critici i rapporti con Mosca...

Non c'è dubbio. Vede, Putin – che non dimentichiamolo, nel frattempo stava accentuando la repressione interna ed esterna – aveva una seria preoccupazione, che dopo la caduta del Muro stava diventando una vera ossessione. L'allargamento della NATO ai Paesi ex sovietici. Me lo disse subito, praticamente il giorno dopo l'invasione dell'Iraq: «Vedrai, da domani sarò sotto assedio. Proseguiranno con l'Ucraina e la Georgia».

Ricordiamo che tra il marzo del 1999 e l'aprile del 2009 – con il quarto, quinto e sesto allargamento – nel Patto atlantico entrano le tre repubbliche baltiche e ben sette Paesi dell'ex Patto di Varsavia.

Appunto. E aggiungiamo che, in parallelo, va avanti un percorso ancora più rapido ed esteso di adesione di quei

Paesi all'Unione Europea. E allora è persino scontato che nell'ottica nazionalista e postsovietica di Putin questo processo venga vissuto come un dito nell'occhio. La sua linea, da questo punto di vista, era chiara: «Fate quel cavolo che volete con l'Unione Europea, ma io non voglio la NATO ai miei confini». Me lo disse più e più volte, senza giri di parole: «Se l'Alleanza atlantica si spinge sistematicamente al confine della Russia, lo considererò un atto di aggressione». E ogni volta citava la solita promessa, che secondo lui avevano fatto gli americani all'indomani della caduta del Muro: la NATO non si estenderà ai confini russi.

E a lei risulta una promessa del genere, fatta da Washington a Mosca nel 1989?

Non lo so, non si è mai capito e io non sono in grado di dirlo. È probabile che ci fosse stato un impegno, ma non una promessa formale. Cioè nessun trattato, ma soltanto un gesto di buona volontà. Il dubbio rimane. Quello che è certo, e che i drammatici avvenimenti di oggi testimoniano, è che questo problema è all'origine di un attrito crescente tra Russia ed Europa. Un attrito che è iniziato allora, e che oggi è diventato guerra.

Se le cose stessero davvero così, non avrebbe tutti i torti papa Francesco, quando critica l'Occidente che proprio attraverso le truppe NATO *sarebbe andato ad «abbaiare alle porte» di Casa Russia? E anche qui, sempre con il comodo senno di poi, non sarebbe convenuto cercare di tenere la Russia agganciata in qualche modo all'Europa, invece di lasciare che si arroccasse sempre di più a Est?*

Il mio tentativo è sempre stato questo. Cercare di applicare nei confronti della Russia una sorta di rapporto duale, da una parte con la UE, dall'altra con la NATO. Avevo sempre in mente le parole di Gorbačëv, che poi per un certo periodo anche Putin ha fatto sue, e cioè che la Russia fosse in qualche modo obbligata a essere amica dell'Europa, come del resto l'Europa era obbligata a essere amica della Russia. E qui le posso raccontare un altro episodio. Siamo a Mosca, nell'ultimo bilaterale Commissione UE-Russia a cavallo tra fine 2004 e inizio 2005, e in conferenza stampa uno dei più autorevoli giornalisti russi rivolge a me e a Putin una domanda sorprendente: «Quando prevedete che la Russia entri nell'Unione Europea?». Io risposi per primo: «Questo è uno scenario impossibile, la Russia è troppo grande e, unendo Russia e Europa, avremmo due capitali, Bruxelles e Mosca. Nonostante questo» aggiunsi «continueremo a lavorare insieme, e l'abbiamo fatto finora, come whisky e soda». A quel punto intervenne Putin, e mi corresse: «No, come vodka e caviale». Lo racconto per sottolineare che le relazioni europee con la Russia erano improntate a un clima tutt'altro che conflittuale. E sarebbero rimaste tali durante il mio secondo governo dell'Unione, tra il 2006 e il 2008, anche se nella fase finale il quadro si stava già deteriorando. Ricordo un ultimo incontro sempre a Mosca, a guerra cecena ancora in corso. C'era stata la strage di Beslan e il massacro al teatro Dubrovka. Segnalai al presidente russo che Emergency avrebbe voluto aprire un ospedale in Cecenia. Lui mi chiese: «Cos'è Emergency?». E io: «È una ONG molto importante, guidata da un chirurgo di guerra molto apprezzato in tutto il mondo, si chiama Gino Strada». Putin insisté: «Tu cosa ne pensi?». Io caldeggiai fortemente l'iniziativa. «È giusta per tre ragioni: la prima perché è una doverosa opera umanitaria, la seconda perché ti offre un presidio internazionale dove se vuoi puoi andare a fare riunioni o incontri, la terza perché non rischi nulla e la puoi controllare.» Lui non disse più nulla, si spostò a chiacchierare in un altro capannello di persone. Poi, all'improvviso e a voce alta perché lo sentissero tutti, mi domandò: «Romano, tu hai la cittadinanza russa?». «Chiaro che no» risposi. «E allora sappi che non accetto di parlare di Cecenia con chi non è cittadino russo.»

Questo, al di là delle ipotetiche responsabilità occidentali, conferma che Putin era e resta un autocrate, sempre imprevedibile e soprattutto inaffidabile.

Certo, e così si comprende quando dico che Putin è lo zar. Rapporti buoni ma, alla fine, la Russia era e resta questa. Nel frattempo c'era stata l'annessione della Crimea, gli scontri violenti nel Donbass, la violazione degli accordi di Minsk da entrambe le parti. E soprattutto la separazione tra la Chiesa ortodossa russa e quella ucraina, che a mio parere sancì anche sul piano religioso la rottura definitiva tra i due popoli. E poi non dimentichiamo la guerra del gas, che giocò e gioca tuttora un ruolo determinante nei conflitti dell'area. Anche in quel caso, la spregiudicatezza di Putin fu totale, nell'individuare nella Germania la nazione-chiave con la quale fare affari con i gasdotti. E devo anche dire che la Germania si prestò a sua volta al gioco, con una linea a dir poco ambigua. Mentre votava le sanzioni alla Russia – alle quali nonostante le nefandezze di Putin io non sono mai stato favorevole – si accordava con Mosca per il raddoppio delle forniture energetiche. Fu proprio il leader russo a offrire la presidenza del North Stream a Gerhard Schröder e quella del South Stream a me.

La differenza è che Schröder andò di corsa, mentre lei rifiutò.

Sì, io declinai subito per questioni di opportunità politica, anche se i giornali italiani lo ignorarono mentre il «Wall Street Journal» rese un tributo al mio comportamento, tanto gradito quanto inaspettato. Putin non se la prese, per il mio rifiuto. Del resto il South Stream non si fece comunque, anche per l'opposizione della Germania che tendeva a essere l'unica controparte nel grande dialogo sull'energia tra Russia e Unione Europea. E la partita con la Russia poi si chiuse malamente proprio nei giorni in cui era prevista la sfiducia al mio secondo governo, quando arrivò in Parlamento anche il voto sulla proposta che Bush aveva avanzato al vertice NATO di Bucarest, cioè l'ingresso nel Patto atlantico di Ucraina e Georgia. Insieme a Francia e Germania, anche l'Italia votò contro, con l'idea che non si dovessero aggiungere tensioni a tensioni e che di quel problema si sarebbe discusso più avanti. Bush ovviamente non gradì.

Ma noi facemmo bene, anche se quello fu tra gli ultimi atti di un periodo di relativa collaborazione con la Russia, che di lì a poco si chiuse definitivamente. Il mio governo uscì di scena, gli Stati Uniti insistettero con il piano di allargamento della NATO, e in pochi anni tutto precipitò.

Ha avuto più contatti ufficiali con l'uomo del Cremlino?

L'ultimo contatto che ricordo fu al tempo della mia mancata elezione a presidente della Repubblica. Premetto che lui ha ripetuto per anni di essere l'unico capo di Stato capace di parlare indifferentemente con me e con Berlusconi...

E che c'entra questo con i centouno che la impallinarono nella corsa al Colle?

Ci sentimmo, in quei giorni, e mi chiese: «Ma è vero che diventerai presidente della Repubblica?». Gli risposi: «No, perché il tuo amico non vuole». E lui: «Hai proprio ragione». Posso assicurare che fu sicuramente sincero.

Siamo all'oggi. L'invasione dell'Ucraina dura ormai da due anni e mezzo, sono morte centinaia di migliaia di civili, abbiamo visto gli stupri e i massacri a Buča, a Mariupol', a Irpin', a Charkiv.

Fissiamo subito un paio di punti fermi. All'inizio dell'attacco chiesi spiegazioni a due generali di grande esperienza e entrambi mi dissero la stessa cosa: «Nei nostri manuali c'è scritto che per occupare l'Ucraina occorrono dai quattrocento ai cinquecentomila soldati. Putin ne ha mandati solo centoquarantamila, quindi sarà una sortita estemporanea, e poi tornerà a casa». Non è andata così. È probabile che Putin, consigliato dai suoi uomini di fiducia, pensasse a una *blitzkrieg* e si illudesse che in una settimana sarebbe entrato a Kiev tra due ali di folla festante. Anche qui, non è andata così. Questo doppio errore di valutazione ha prodotto una guerra che dura da troppo tempo e che ha fatto troppi morti. Una guerra nata dal doppio movente putiniano – la paura della NATO all'esterno e il disegno imperiale all'interno – ma che l'Occidente ha lasciato scivolare su un piano inclinato senza capire il rischio al quale si andava incontro. Non si è seguito il grande insegnamento di Henry Kissinger secondo cui, se ci sono tre potenze nucleari, l'errore peggiore è lasciare che due di esse si mettano insieme. E noi abbiamo lasciato che Cina e Russia si mettessero insieme.

Professore, stia attento: così si conquista sul campo la medaglia di filoputiniano. Ormai il discorso pubblico, soprattutto in Italia, è un braccio di ferro tra opposti manicheismi: chiunque osa sollevare interrogativi o dubbi, viene immediatamente incasellato nell'una o nell'altra curva ultrà.

Sciocchezze ne sono state dette fin troppe. Con questo metro di giudizio sarebbe definito un putiniano anche Henry Kissinger. Semplicemente i pregiudizi ideologici non mi interessano: cos'altro deve succedere, perché ci si renda conto dei danni che producono?

Però il primo a essere «ideologico» è proprio il nuovo zar di Mosca. La sua ambizione neoimperiale va al di là dell'espansione territoriale nei domini che un tempo furono dei Romanov. Dietro c'è anche una visione del mondo, che scommette sul «tramonto dell'Occidente», ma in modo molto più inquietante di quello teorizzato da Oswald Spengler tra il 1918 e il 1923. Basta leggere la storica intervista che il presidente diede al «Financial Times» del giugno 2019, alla vigilia del G20 di Osaka, con la quale si autoelesse mentore dei movimenti populisti di tutto il mondo e intonò una sorta di de profundis per le «decadenti democrazie liberali», un modello politico-sociale ormai «obsoleto». Vale la pena di riassumerla, perché segna davvero una svolta. Secondo Putin, la fine delle politiche liberiste è coincisa con l'ascesa di politici come Donald Trump negli USA o con la vittoria del «leave» al referendum sulla Brexit. «I liberali» dice il presidente russo «non possono più permettersi di dettare le regole come hanno fatto negli ultimi decenni...» E il motivo è semplice: «L'ideologia liberale non è più di moda perché la maggior parte delle persone si è rivoltata contro l'immigrazione, contro l'apertura dei confini e il multiculturalismo». È per questo – spiega Putin – che la politica di Trump va preferita a quella di Angela Merkel, che ha sbagliato ad accogliere più di un milione di rifugiati, soprattutto siriani, mentre Trump, pur avendo usato le maniere forti, doveva necessariamente fare qualcosa contro l'arrivo dei migranti dal Messico, che «potrebbero uccidere, saccheggiare, violentare e restare impuniti, perché i loro diritti, in quanto migranti, vengono protetti, e questo è un errore perché ogni crimine deve essere perseguito». Più avanti, Putin difende la Russia dalle accuse di omofobia, ma attacca di nuovo i governi liberali per aver tradito i propri cittadini, «abbracciando un insensato multiculturalismo e, tra le altre cose, la diversità di genere». A questo punto, lo zar si propone come unico difensore dei valori tradizionali: «Non dobbiamo permettere che siano messe in ombra la cultura, le tradizioni e i valori familiari tradizionali di milioni di persone che costituiscono la popolazione principale. Trump non è un politico in carriera ma ha una precisa visione del mondo e degli interessi nazionali degli Stati Uniti. Spesso i suoi metodi non mi piacciono, ma sapete cosa penso? Penso che sia una persona di talento e che sappia molto bene ciò che i suoi elettori si aspettano da lui». Secondo l'Uomo del Cremlino, la vittoria di Trump del 2016 *non è il frutto di «mitologiche interferenze russe», ma della capacità del presidente americano di saper prevedere le esigenze dei cittadini e assecondarle: «La classe media non ha tratto beneficio dalla globalizzazione. Trump questo l'ha capito e l'ha usato nella sua campagna elettorale». Infine, Putin tesse l'elogio della Guerra Fredda tra* USA *e* URSS*: «Certo, durante la Guerra Fredda il problema era la Guerra Fredda, ma tutti si attenevano a delle regole o quantomeno cercavano di seguirle. Ora sembra che non ci siano più regole, il mondo è diventato più frammentato e meno prevedibile e questa è la cosa peggiore». Con la sua esperienza, professor Prodi, lei è il primo a capire l'enormità di questa nuova «dottrina Putin».*

Purtroppo il quadro che lei descrive risponde a verità. Da diversi anni, infatti, sostengo che vi sia un concreto pericolo per la democrazia, che va indebolendosi in tutto il mondo. Non certo per le dichiarazioni di Putin, ma per la nostra perdita di orizzonti su tutti i grandi problemi. Non siamo stati capaci di affrontare, ad esempio, il problema della migrazione con il necessario equilibrio tra i diritti dei migranti e le legittime paure dei nostri concittadini. Ne abbiamo fatto una contrapposizione irresolubile che ovviamente impedisce le convergenze necessarie per un corretto funzionamento della vita democratica. Saranno però i cambiamenti demografici, i comportamenti delle nuove generazioni e le stesse necessità dell'economia a obbligarci a cercare l'equilibrio che abbiamo perduto. Sarà la Storia a obbligarci a riconsiderare i nostri valori tradizionali alla luce di un necessario realismo. Speriamo di realizzare questi cambiamenti, prima che la democrazia si frammenti fino alla sua completa impotenza.

Detto questo, sostenere la resistenza ucraina con l'invio di armi è un dovere, per le liberal democrazie. Lei che ne pensa?

Certo che è un dovere, noi dobbiamo aiutare gli ucraini. Ma insieme a questo dovere ne abbiamo anche un altro, ed è quello di insistere e batterci perché sia aperta una trattativa e una soluzione diplomatica del conflitto.

Eppure persino in Europa prende quota la linea dura: la incarna il presidente francese Emmanuel Macron, che avverte i cittadini d'Europa: dobbiamo prepararci alla guerra. Non solo: evoca persino la possibilità dell'invio di truppe, perché questa sporca guerra contro Putin non si vince se non «boots on the ground». Lo crede anche lei?

Neanche un po'. Questa svolta bellicista la rifiutano prima di tutto i popoli: quello francese, quello italiano, e credo anche gli altri europei. Sarebbe il suicidio finale del Vecchio Continente. Mandare le truppe NATO in Ucraina vuol dire una cosa sola: terza guerra mondiale. Alzi la mano chi la desidera...

Ma perché Macron insiste con questi messaggi, secondo lei? C'è una ragione politico-elettorale? O ha perso il lume della ragione, lui che rappresenta la patria dei Lumi?

No, guardi, escluderei entrambe le ipotesi. Quella politico-elettorale non sta in piedi: i francesi non vogliono i loro soldati in guerra. Quindi la sua linea è impopolare. Quella psichiatrica non regge, perché l'uomo è lucido, freddo e calcolatore. Il motivo secondo me è un altro. Macron reclama il suo posto nella Storia, e per riuscirci si propone all'Occidente come *defensor civitatis*. Ma è puro velleitarismo. Anche volendo, la Francia non ha soldati da mandare a morire per Kiev.

Quindi, professore, come si esce da questo vicolo cieco?

Se ne può uscire in un modo solo. Serve un'autorità superiore che fa finire la guerra. Non può essere l'ONU, ormai priva di forza. Non può essere l'Europa, senza difesa comune e senza esercito. Dunque, l'unica «entità» che può far tacere le armi e immaginare una exit strategy credibile e durevole sono gli «imperi». Detta altrimenti, sull'Ucraina serve un accordo tra Stati Uniti e Cina, non c'è nessuna altra prospettiva. Poi l'incarico di mediatore potrà essere affidato a chiunque, e si vedrà come definire i nuovi confini, se Crimea e Donbass debbano ormai restare alla Russia, se si possano immaginare soluzioni alla «coreana» o alla «alto-atesina», tutto questo si vedrà. Ma l'importante è che dietro ci sia il mandato sino-americano, senza il quale non si sbloccherà mai nulla. Ma è chiaro che questa situazione non può durare, e che nelle condizioni date nessuno vince. Putin non arriverà mai a Kiev, Zelensky non può resistere in eterno.

E la povera, piccola Europa, in tutto questo? Siamo stati ignavi, a tratti nelle cancellerie è parso aleggiare lo spirito di Monaco: non abbiamo voglia né di impegnarci per la pace, né di sacrificarci per Kiev. Risultato: siamo irrilevanti. Mi sbaglio?

Non si sbaglia. Questo è l'aspetto che mi amareggia di più. Nella crisi ucraina, e purtroppo non solo in quella, l'Europa non è esistita. Diciamola tutta: su Kiev si è consumato un vero e proprio suicidio europeo. Con un esercito europeo e una difesa comune, Putin non avrebbe mai aggredito l'Ucraina.

3

L'avvento dell'Impero del Sole: la Cina millenaria e la globalizzazione come arma strategica

*Il mondo, come stiamo vedendo, è un posto sempre più complicato. Ma ora, nella complessità generale, se ne aggiunge una molto particolare. A questo punto del ragionamento, ci tocca affrontare un rebus che solo lei ci può aiutare a decifrare. Parliamo della Cina, della sua incredibile metamorfosi, della sua crescita impetuosa, delle sue clamorose contraddizioni, del suo sviluppo tecnologico, del suo regime politico, della sua dottrina geostrategica, del suo peso sempre più rilevante nelle relazioni internazionali e nelle guerre in corso. L'Impero del Sole, rispetto all'era di Mao Tse-tung e della Rivoluzione culturale, della Banda dei Quattro e di Deng Xiaoping, è ormai un altro pianeta. Non fa mistero delle sue ambizioni, che vanno dal dominio militare nell'Indo-Pacifico al primato tecnologico globale entro il 2050. Insieme alla Russia e alle altre potenze regionali, sembra voler cementare un blocco di potenze contrapposte all'Occidente, capaci di costruire un mercato – commerciale, industriale, finanziario e persino valutario – se non alternativo, almeno parallelo al nostro. Lei in Cina è andato infinite volte, da presidente dell'*IRI*, da presidente del Consiglio e della Commissione* UE *e, in tempi più* *recenti, da professore universitario. Attraverso quali passaggi ha maturato un'idea sull'impero nel quale non tramonta mai il sole?*

La mia conoscenza della Cina non è passata attraverso la lettura dei libri di Mao, ma dall'esperienza empirica, sul campo. Già dagli anni Ottanta avevo visto le migliaia di operai, tecnici e ingegneri al lavoro sulla grande fabbrica di produzione dei grossi tubi d'acciaio a Tianjin – gemella di quella sovietica di Volžskij, come abbiamo detto in precedenza, nel capitolo sulla Russia. Ricordo quale impressione mi fece l'inaugurazione, dopo appena due anni di lavori frenetici, con quell'immensa folla di bambini che sventolavano il tricolore in segno di ringraziamento all'IRI. Fu un bel periodo, di intensa collaborazione, che tuttavia si interruppe presto con i fatti di piazza Tienanmen. Il pugno di ferro del regime su quei moti di protesta ripropose con drammatica evidenza, per noi europei, il problema delle libertà politiche e dei diritti umani in quello sterminato Paese. Ma solo tre anni dopo ci fu una curiosa ripresa dei contatti tra Pechino e Roma, che mi riguardò personalmente sempre in veste di presidente dell'IRI.

È l'episodio di Maradona, immagino.

Esatto. L'ho raccontato mille altre volte, perché dice molto del modo di pensare e di agire di quell'impero.

Ci rinfreschi la memoria, professore.

Erano gli anni del mio secondo mandato all'IRI e con

Ansaldo stavamo firmando un contratto per la costruzione di due grandi centrali elettriche. Durante la solenne cerimonia, il presidente della nostra controparte cinese, la CITIC, mi chiese un colloquio riservato, perché doveva rivolgermi un messaggio molto personale. Ero perplesso, perché conoscevo le rigorose formalità delle loro cerimonie ufficiali, ma lo seguii lo stesso in un piccolo ufficio, dove insieme a me fece entrare solo l'interprete. Chiuse la porta e con aria molto misteriosa riferì che il presidente Deng Xiaoping aveva un grande desiderio e per questo mi rivolgeva una preghiera molto personale: voleva vedere giocare Maradona. Se il «Pibe de Oro» fosse sceso in campo a Pechino, il presidente sarebbe venuto personalmente allo stadio, e insieme a lui, a seguire in televisione il più grande calciatore di tutti i tempi, ci sarebbero stati almeno seicento milioni di cinesi.

E lei che reazione ebbe?

Be', onestamente la proposta era seducente. Gli dissi che mi sarei adoperato. Così, di rientro in Italia, combinammo subito la trasferta con l'allenatore del Napoli, che allora era Ottavio Bianchi e che si dichiarò subito molto favorevole. L'operazione sembrava conclusa. Mancavano solo i dettagli. Purtroppo non avevamo fatto i conti con Diego che si mise subito di traverso obiettando che giocare in Cina non era previsto dalle clausole del suo contratto e che in ogni caso non si sarebbe mai mosso per meno di trecento milioni di Lire. Non si poteva chiedere a Deng di pagare il compenso che, a quel punto, come chiarì giustamente Bianchi, avrebbe dovuto essere esteso anche agli altri giocatori del Napoli. Ma meno che mai trecento e passa milioni poteva pagarli l'IRI, una holding pubblica che doveva rendere conto al Tesoro e al contribuente italiano. Così, alla fine, non se ne fece nulla. Il presidente cinese ci rimase male e anche a me dispiacque perché mi rendevo conto di quanto fosse importante lo sport per l'unione e la solidarietà tra i popoli. Anche per questo, in Maradona, ho sempre ammirato il calciatore, ma non ho mai amato l'uomo.

Da presidente del Consiglio, tra il 1996 e il 1998, per lei non ci furono molte occasioni per rinverdire le relazioni politiche con la Cina. Ma nel 1999, al vertice della Commissione UE, *i suoi rapporti con Pechino assumono un'altra piega istituzionale. Il ricordo di Tienanmen è un po' sbiadito, Stati Uniti ed Europa allentano un po' la stretta diplomatica, e la Cina nel frattempo ha già imboccato il suo impetuoso sentiero di crescita economica. Cosa ricorda di quel periodo?*

I rapporti stavano riprendendo il loro corso. Tra UE e Cina si svolgevano regolari vertici annuali. La cosa che mi stupì, allora, fu il grande interesse con il quale il governo di Pechino guardava alle dinamiche interne dell'Unione e soprattutto al ruolo crescente che l'Europa si candidava a svolgere nel quadro della politica e dell'economia mondiale. È chiaro che la diplomazia cinese guardava all'Europa come a una sorta di fattore di equilibrio dei rapporti tra loro e gli Stati Uniti. In questo senso, era sorprendente quanta importanza i dirigenti cinesi attribuissero alla nascita della nuova moneta unica europea. Capisce? Per la prima volta consideravano l'Europa una vera potenza. Il loro ragionamento esplicito era logico e giusto: se l'Euro fosse cresciuto e si fosse affermato come valuta di riferimento al fianco del Dollaro, allora si sarebbe creato un ruolo altrettanto importante anche per la moneta cinese. Ricordo che nei bilaterali il presidente Jiang Zemin ci chiedeva solo dell'Euro. «Ma il Marco e il Franco spariranno davvero? Avrete dei foglietti di carta da mostrarmi?». E infine, un'ultima domanda, forse la più rilevante per lui: «Un giorno potremo avere le riserve cinesi in Euro, oltre che in Dollari?».

E lei lo rassicurava?

Certo! Rispondevo che avrebbero potuto avere riserve cinesi anche nella moneta unica della UE. Lui era felice per il suo Renminbi. Io ero orgoglioso da morire per il nostro Euro, per il quale mi ero battuto e che avevo sempre considerato uno dei grandi sogni della mia vita e un grande obiettivo per il nostro futuro. Il crac globale del 2007, il fallimento della Lehman Brothers, la tragedia greca e poi la crisi dei debiti sovrani stravolsero invece il quadro, sia per la Cina che per noi... Per qualche anno investirono progressivamente sull'Euro, fino ad arrivare a un quarto di tutte le riserve cinesi. Ma la crisi finanziaria iniziata nel 2008 ha bloccato questo processo proprio perché l'Unione Europea non è stata in grado di reagire tempestivamente, come invece hanno potuto fare gli americani che pure furono la causa della crisi stessa. Il Dollaro è quindi ritornato a essere il dominatore incontrastato nei mercati mondiali.

Senza considerare che, a parte Tienanmen, sullo sfondo è sempre rimasto il nodo mai sciolto dei diritti umani, civili, politici.

Su quello, almeno nella Commissione, non abbiamo mai abbassato la guardia. In tutti gli incontri annuali – insieme all'economia, al ruolo dello Stato, alla tutela del mercato del lavoro, al rispetto dei brevetti e della proprietà intellettuale, alla difesa dell'ambiente – il dossier sui diritti era sempre in primo piano. Anche perché noi avevamo una speranza, e cioè che attraverso un potenziamento degli scambi commerciali si potesse portare la Cina ad accrescere progressivamente la quantità e la qualità delle regole condivise in altri campi. Non era affatto semplice, ma il tentativo era quello. E una volta, quando riproposi con più enfasi la questione dei diritti a un rappresentante del governo di Pechino, la sua replica fu: «La Cina è molto grande, non tutto può essere messo a posto subito». Un'ammissione importante, anche se per nulla impegnativa per il futuro.

Anche per la Cina c'è un momento che sancisce il turnaround. È l'arrivo al potere di Xi Jinping, che di fatto concentra e rafforza tutte le prerogative del Nuovo Imperatore: capo dello Stato, capo del governo, capo del partito, praticamente in eterno. E poi il suo discorso al Congresso del Partito comunista, nell'ottobre 2017, che per la Cina e per il mondo equivale all'intervista che Putin rilascerà al «Financial Times» solo due anni più tardi. Ai membri del PCC, *e forse anche ai governanti del pianeta, Xi spiega che «la Cina non si adeguerà mai al modello democratico occidentale». Semmai, dopo un'approfondita riflessione sulle criticità in atto in tutti i sistemi liberaldemocratici, sarà l'Occidente che «si dovrà avvicinare al modello cinese», chiaramente più attrezzato ad «affrontare e gestire con successo tutte le sfide della modernità».*

Dopo la lunga fase nella quale sembrava che la Cina fosse più propensa ad avvicinarsi ai modelli occidentali, con Xi Jinping avviene un cambio di paradigma. Anche se, sia chiaro, neanche nella fase precedente si parlava di democrazia. C'era invece l'idea che, man mano che lo sviluppo cinese fosse proseguito a ritmi sempre più serrati, questo avrebbe accelerato anche un ricorso a pratiche più vicine ai sistemi occidentali. Xi cambia la narrazione e trasforma quella che in apparenza sembrava solo una competizione per il primato economico e tecnologico con gli Stati Uniti, in una vera e propria sfida globale che abbraccia tutti i campi.

Ecco, ma che parte in commedia recita Pechino, dentro questo nuovo disordine mondiale? So che è difficile capire in quale orizzonte spazio-temporale si muove quella nazione immensa, che ragiona non in termini di anni, ma di millenni. Resta memorabile quello che Zhou Enlai, durante la visita di Nixon del 1972, rispose a un giornalista americano che gli chiedeva cosa pensasse della Rivoluzione francese: «È troppo presto per dare un giudizio». Ma secondo lei quello che stiamo vivendo è davvero il secolo cinese?

Questa è una premessa indispensabile per comprendere la Cina, l'originalità della sua traiettoria storica e la complessità della sua struttura politica e sociale. Il punto di partenza è che le democrazie ragionano sempre più nel breve periodo, mentre le dittature possono ragionare nel lungo periodo. Questa diversità può fare davvero dell'attuale il secolo cinese. Non dipenderà però dalle scelte cinesi che sono già tutte proiettate perché il Celeste Impero raggiunga il primato tecnologico nel mondo, con progetti che guardano al lontano futuro. Il problema è il nostro perché viviamo sempre più nel presente.

Quindi, fin da subito, lei ci sta dicendo che la Cina è una dittatura.

Certo, si tratta di una forma di governo accentrata e piramidale. Questa valutazione rientra nel quadro della complessità a cui ho appena accennato. La Cina ragiona non nel lungo, ma nel lunghissimo periodo. È la ragione per la quale, fin dal 1922, quando papa Benedetto XV inviò a Pechino il delegato apostolico Celso Costantini, e dopo il 1949 con la Repubblica popolare, gli analisti politici e i diplomatici si chiedevano «come mai durano tanto le trattative fra il Vaticano e la Cina?». Semplicemente perché sono le uniche due «strutture» al mondo che ragionano per l'eternità. Entrambe queste due realtà, nelle loro rispettive sfere, perseguono lo stesso obiettivo della continuità del loro ruolo e della loro legittimazione. A differenza delle democrazie che, almeno dal secondo dopoguerra, vivono nella frammentazione sistemica. La fase immediatamente successiva al secondo conflitto mondiale è stata l'unica, e forse l'ultima, nella quale le democrazie immaginavano di poter durare abbastanza per progettare il loro futuro. È la fase che in Italia coincide con la ricostruzione e l'inizio del miracolo economico. E progettare il futuro, in quell'epoca, significava anche intraprendere grandi progetti che nel quadro di priorità programmatiche, messe a punto dai governi, garantissero una durevole prospettiva di crescita e di sviluppo per le nazioni. Oggi, in Occidente, non è più così. Esaurita quella fase, le democrazie hanno accorciato sempre più gli orizzonti e le grandi imprese vivono sotto la protezione, ma non più sotto l'indirizzo, dei governi. I giganti del capitalismo moderno non assomigliano affatto alle compagnie di bandiera del passato. Oggi sono talmente forti da essere in grado di dettare l'agenda ai governi, di spiegare al potere politico che la superiorità del Paese che rappresentano passa attraverso la delega di potere totale nei loro confronti. Lo Stato si deve limitare a creare la condizioni perché questo possa avvenire. I colossi del capitalismo globale, autonomi e autoreferenziali, vogliono guidare il mondo, non essere guidati. È qui c'è una prima, sostanziale differenza tra il nostro modello e quello cinese. Anche in Cina esistono i colossi industriali, che hanno la pretesa di guidare il mondo. Ma lì è il potere politico che li controlla. Lo Stato e il partito hanno tutto l'interesse a sviluppare quelle imprese con ogni mezzo. Ma come dimostra il caso di Jack Ma, non appena un imprenditore vuole seguire una linea troppo indipendente dal governo viene letteralmente «massacrato». Oggi l'impero di Jack Ma è stato drasticamente ridimensionato, arrivando persino a privarlo della sua ala finanziaria, Alipay, che era diventata talmente potente da tentare di sottrarsi al controllo del Partito. Quindi, per riassumere, ecco la discriminante decisiva: nel sistema cinese il governo comanda le società, nei Paesi occidentali le aziende più forti condizionano il governo.

E con Xi Jinping questa tendenza si è accentuata e si è fatta sistema, giusto?

Prima di Xi Jinping, il modello cinese ruotava intorno a un potere politico pervasivo, ma anche a una grande libertà economica. Il senso era: arricchitevi pure, purché rispettiate le direttive di fondo del regime. Il potere politico forniva tutti gli strumenti, le infrastrutture materiali e le risorse umane necessarie per massimizzare la crescita economica. La scuola nelle città organizzava la formazione e poi l'accesso al lavoro di un numero impressionante di giovani, per sostenere i grandi investimenti in opere pubbliche e per allineare la riorganizzazione produttiva alla domanda di sviluppo del Paese. Una spinta propulsiva formidabile, e in qualche caso persino esagerata, come dimostrano la bolla immobiliare e la realizzazione dell'alta velocità ferroviaria anche in aree nelle quali non ce n'era alcun bisogno. Nell'ultimo decennio, con l'avvento dell'era di Xi, le dinamiche sono cambiate. È scattato un processo graduale ma intenso di centralizzazione autoritaria di tutte le decisioni. Il controllo sulla società è diventato molto più capillare. Il presidente non è più soltanto il *dominus* del partito, dell'esercito e della politica estera. Ormai ha il controllo anche su tutte le fasi e le fasce dell'economia, sulla composizione della Banca centrale, sulle istituzioni culturali: nelle università, dove prima il funzionario del partito affiancava il rettore, adesso il rettore e il funzionario del partito sono la stessa persona. In sostanza, con il dispositivo di potere introdotto da Xi, scatta una quasi totale identificazione fra partito e Paese. Questo, come abbiamo visto, crea smarrimento nelle grandi industrie e inquietudini nella società civile. Ma al tempo stesso mette in atto i cambiamenti di politica interna necessari per il lancio della grande sfida internazionale e mette il «turbo» alla ricerca scientifica, all'innovazione tecnologica, all'impegno militare.

E sono questi, oggi, i punti di forza del gigante cinese, che punta a sfilare il primato agli USA nei prossimi venticinque anni?

Bisogna distinguere. Sulla ricerca e sulle nuove tecnologie la sfida agli Stati Uniti è già lanciata ed è in pieno corso. La Cina investe cifre colossali e i risultati si vedono: l'energia, i pannelli solari, l'auto elettrica. Il livello di robotizzazione nelle fabbriche di automobili, così come le esplorazioni sottomarine per cercare nuovi materiali, hanno raggiunto vette inimmaginabili. In questi settori l'industria cinese, per tecnologia, capacità produttiva e costi di produzione, ha già eguagliato e in qualche caso superato l'America. Da questo punto di vista, per la Cina è ancora troppo presto per proclamarsi vincitrice della sfida, ma per gli Stati Uniti è già troppo tardi per «uccidere» la Cina. Possono inventarsi tutti i dazi che vogliono, compresi quelli al cento per cento sulle auto elettriche o sul polisilicio nel fotovoltaico, di cui i cinesi sono di gran lunga il più grande produttore al mondo. Ma è tutto inutile. Anzi, è dannoso, perché l'Occidente con i dazi paga un prezzo a sua volta molto alto. Detto questo, i cinesi non sono competitivi in altri settori, altrettanto cruciali, come la produzione di semiconduttori e di chips ad altissima potenza. E il loro tentativo di dotarsi di un sistema di difesa che possa competere con l'America è ancora lontano. Rispetto agli Stati Uniti, dal punto di vista militare, la Cina non esiste. Il livello di spesa per armamenti è per ora irraggiungibile, non è nemmeno possibile fare un paragone. E questo è un po' il paradosso di Pechino.

Ci spieghi meglio questo paradosso...

È presto detto. L'Impero di Mezzo è forte di una storia millenaria. Ha dominato una parte del mondo per lunghi periodi, cercando sempre rapporti commerciali e anche culturali con i Paesi più diversi e più lontani. Gli storici ancora ricordano – dividendosi nell'interpretazione – come agli albori del nostro Rinascimento, la Cina fosse la massima potenza navale del pianeta e navigasse per i mari d'Africa con imbarcazioni molto più grandi delle nostre caravelle.

Eppure, all'improvviso, l'imperatore Yongle ordinò che tutta la flotta fosse incendiata e che l'impero si richiudesse entro i propri confini. E lo fece anche perché temeva che la crescita dei commerci potesse in qualche modo destabilizzare la società, spostando il potere verso i commercianti che, nella struttura piramidale cinese, avevano un'importanza inferiore non solo rispetto ai mandarini, ma anche rispetto ai contadini. Da sempre, per la Cina, la stabilità è il fattore cruciale. Oggi la Cina ha una popolazione di un miliardo e quattrocento milioni di persone, una politica interna ed estera sempre più assertiva, una formidabile «volontà di potenza», commercia ovunque e con chiunque senza alcun vincolo dottrinario, ha una capacità di penetrazione sui mercati senza eguali, sta colonizzando Asia e Africa, dove intrattiene relazioni diplomatiche con tutti i Paesi africani, escluso uno. Cionondimeno, la Cina ha, finora, una sola base militare fuori del suo territorio, a Gibuti. Gli Stati Uniti ne hanno ottocento. Questi due numeri danno la misura del paradosso cinese.

Cioè lei sta dicendo che a livello globale, nonostante i suoi sforzi giganteschi, la Cina ha un enorme peso economico, ma uno scarso peso geostrategico, è così?

L'epoca che stiamo vivendo dimostra che le superpotenze, se vogliono diventare, essere e/o mantenersi tali, hanno bisogno di accompagnare l'aspetto militare all'aspetto economico. Questo fenomeno è sempre esistito. Se vuoi difendere il tuo interesse economico, devi poter contare anche sulla tua forza militare. Ebbene, oggi persino la Russia, nonostante una quota di PIL infinitesima rispetto alla Cina, svolge un ruolo militare molto attivo nel mondo. Le faccio l'esempio dell'Africa. Putin, con la presenza di poche migliaia di uomini assoldati dalla Wagner (oggi denominata Russian Afrika Korps), ha conquistato una grande rilevanza politica. Xi Jinping, con la presenza di centinaia di migliaia di uomini che costruiscono dighe, ponti e autostrade, dispone di un forte peso politico ed economico, ma non militare. Non è la stessa cosa. La penetrazione economica attraverso le grandi opere è essenziale, ma non è sufficiente per esercitare un forte potere politico. Inoltre la presenza capillare dei lavoratori e dei tecnici all'estero avrà sempre maggiori difficoltà in futuro, visto il calo demografico di cui soffre anche la Cina in modo sempre più accentuato.

Il via libera al terzo figlio decisa da Xi non ha invertito la tendenza?

Assolutamente no. Ricordiamoci che il fenomeno è mondiale.

Professor Prodi, provo a tirare le fila di questo nostro viaggio in Cina. L'Impero di Mezzo, negli ultimi due decenni, ha registrato tassi di crescita stellari. Grazie ai suoi prodotti e alla sua capacità di penetrazione commerciale, si è conquistato un posto nell'economia del mondo. Più che un Paese, è un continente, che per continuare a prosperare ha bisogno di intensificare i commerci, senza preclusioni politiche, ideologiche e teologiche. Ma per tenere unito l'insieme, Xi Jinping, il nuovo imperatore che concentra su di sé tutti i poteri, stringe le maglie della vigilanza interna e rilancia il guanto di sfida alla comunità internazionale: noi faremo meglio di voi, ma senza snaturare il nostro modo di vivere, di produrre, di pensare. È così? E se è così, questo triplo salto mortale gli sta riuscendo?

Accentuando la verticale del potere, nei suoi undici anni di comando, Xi Jinping ha dato alla Cina una strategia molto più assertiva e identitaria. Lo ha fatto con uno scopo molto preciso che, come abbiamo visto, è di lungo periodo: nella grande contesa per l'egemonia West contro Rest, la Cina punta a far sì che la sua quota di mercato nel Rest sostituisca la quota di mercato del West. Ma qui sorge la contraddizione, che oggi coglie Pechino a metà del guado: nonostante le dimensioni sempre più imponenti del mercato Rest, cioè Russia e Terzo Mondo, per la Cina continua a essere insostituibile il mercato West. E la ragione è semplice, e va persino al di là dei numeri sull'interscambio commerciale che pure sono imponenti. La Cina, infatti, nel 2023 ha esportato 555 miliardi di dollari in Europa e 500 miliardi negli Stati Uniti. Un calo dall'anno precedente, ma tuttavia un elemento fondamentale per l'economia dell'Impero Celeste. La Cina può consolarsi per il fatto che più di un quarto di queste esportazioni sono prodotte da multinazionali che hanno sede nel Paese. Sotto questo aspetto non possiamo non rilevare una differenza fra USA e Europa. Gli Stati Uniti procedono con una severità assoluta con dazi, ad esempio, del cento per cento sulle automobili elettriche prodotte in Cina, mentre l'Europa procede con tassi variabili a seconda degli interessi dei singoli Paesi. Per ironizzare un poco su come vanno le questioni politiche, non posso non notare che il dazio minimo è applicato alle automobili Tesla, interamente prodotte in Cina, ma dal noto gigante di proprietà americana. Dobbiamo inoltre ricordare che, per i cinesi, l'Occidente non è solo un mercato di sbocco fondamentale, ma è anche una fonte di innovazione inesauribile, come lo fu la Germania per il Giappone nel secolo scorso. I cinesi di oggi, come i giapponesi di allora, copiano, ma poi migliorano, i modelli che studiano. E quindi innovano. Tuttavia, in questa fase storica, per quanto progrediscano, non possono fare ancora a meno di noi.

Ma c'è un problema. Da un lato c'è l'inciampo di Taiwan, sul quale prima o poi rischiano di crollare gli instabili equilibri dell'Indo-Pacifico. Dall'altro lato, forse, proprio la maggiore assertività della strategia di Xi, insieme al rilancio di un'identità cinese da contrapporre a quella del West, sta isolando l'Impero di Mezzo, inasprendo i rapporti e persino diradando le forme di collaborazione tra università e istituti di ricerca. In un recente reportage, l'«Economist» racconta che la Cina ogni anno «sforna» quasi un milione e mezzo di nuovi ingegneri specializzati in intelligenza artificiale e che, a differenza del passato, quasi nessuno di questi va a lavorare negli Stati Uniti, ma preferisce restare in patria.

Restano a lavorare in Cina anche perché sono sempre meno graditi negli USA e non dimentichiamo che oggi, presso le università cinesi, lavorano solo quattrocento studiosi e ricercatori americani: non era mai successo. La Cina vive certamente una fase complicata. Le tensioni geopolitiche, a livello internazionale, la stanno penalizzando. Si ricordi però cosa accadde nei mesi precedenti il Natale del 2022, quando pur in un momento di forte attrito con gli Stati Uniti, il porto di Los Angeles non era in grado di accogliere la colossale quantità di container trasportati dalle navi in arrivo dalla Cina. Trump e Biden hanno fatto a gara a chi faceva la faccia più feroce con Xi. Il primo con il MAGA, il «Make America Great Again». Il secondo con l'IRA, l'«Inflation Reduction Act», il mega-piano da milletrecento miliardi di dollari per proteggere la Corporate America. Dei dazi sull'auto elettrica abbiamo detto, l'America difende le Tesla prodotte da Elon Musk. Ma guardi anche ai balzelli introdotti sull'acciaio cinese per proteggere in chiave preelettorale le produzioni della Rust Belt, dal Wisconsin al Michigan. Per non parlare dei divieti che l'America sta pensando di mettere sul suo territorio a TikTok.

Professore, diciamo pure che la Cina ci mette del suo. Lei ha detto che solo Xi, insieme all'America, può porre fine alla guerra in Ucraina, ma finora il presidente cinese non ha mosso un dito. Al contrario, sia pure senza fornire supporti militari, si è schierato al fianco di Putin. Questa non è una minaccia? Qui, proprio in virtù della svolta assertiva cinese, rischiamo che i BRICS *di un tempo cambino natura, e da alleanza economico-commerciale si trasformino nel fronte delle autocrazie contrapposto a quello delle liberal democrazie. Mi sbaglio?*

La Cina ha di sicuro sfruttato la guerra in Ucraina per aumentare il suo standing e accrescere il ruolo internazionale. Tutto il mondo riconosce che se Xi Jinping smettesse di comprare petrolio e altre materie prime da Putin, la Russia finirebbe in ginocchio in una settimana. Per questo insisto nel dire che il conflitto ucraino finisce solo se lo vogliono i due imperi e non se lo decidono Putin e Zelensky. Ciò detto, la natura dei rapporti con il Rest è molto particolare. La dimensione dell'economia cinese non è comparabile a quella russa: come dico spesso la Cina, nel decennio pre Covid, è cresciuta di una Russia all'anno. Negli ultimi due anni di scontro bellico, Pechino ha visto crescere il suo peso nel mondo, Xi si è comportato da fratello maggiore di Vladimir, ma non gli ha mai dato un sostegno pieno e incondizionato. Anche le relazioni tra Cina e India sono tutt'altro che lineari. Modi ha rivinto le elezioni, riaffermando un autoritarismo molto simile a quello cinese. Ma la struttura politico-sociale e religiosa dei due Paesi è profondamente diversa: il presidente indiano non deve fare i conti con oltre 10 milioni di uiguri, come quello cinese, ma con una minoranza islamica dieci volte più numerosa.

Non a caso, all'ultimo G20 a Nuova Delhi, Xi Jinping non si è neanche presentato.

Appunto. All'insegna della mia idea della politica che aborre i manicheismi e le dottrine, eviterei di riproporre lo schema dello scontro di civiltà, autocrazie contro liberal democrazie. La situazione, nei due fronti, è molto più sfumata e articolata. E in linea generale, io vedo un Rest molto più popoloso, ma un West molto più unito, nonostante le difficoltà e le diversità di interessi tra i Paesi che lo rappresentano.

La Cina e le democrazie occidentali sono compatibili o no, secondo lei?

Insisto nel dire che la democrazia, che è certamente il sistema di governo per il quale sarei disposto a sacrificare la mia stessa vita, non è l'unico modello esistente. Per i rapporti tra i diversi sistemi, non mi resta che ripetere quanto ho sempre sostenuto: dobbiamo difendere, ma non imporre, la democrazia che si esporta non con le armi, ma con la democrazia stessa. Le relazioni internazionali debbono essere gestite come si gestisce il passaggio su un ponte. Come ho già detto, sul ponte possono passare tutti, auto, autocarri, motociclette, biciclette e pedoni. Non debbono essere tutti uguali, ma devono tutti rispettare le regole del traffico. E che la Cina sia un regime autoritario è evidente e noi dobbiamo chiederle di rispettare le regole del traffico. Purtroppo, anche nel resto del mondo, vedo crescere tendenze autoritarie che molto mi preoccupano. Persino in Europa abbiamo assistito a maggiori autoritarismi e dobbiamo essere orgogliosi che, nonostante tutto, il sistema democratico europeo (come dimostra il caso polacco) è più robusto di quanto molti esperti pensavano.

C'è chi pensa che sarebbe stata necessaria molta più gradualità e severità, nell'accogliere Pechino nel club dell'economia globale. Da questo punto di vista, soprattutto la destra sovranista non le ha mai perdonato, da presidente della Commissione europea, di essersi adoperato per far entrare la Cina nella World Trade Organization.

Per la verità la spinta maggiore la diede Bill Clinton. E, dal suo punto di vista, non sbagliò. A pressarlo c'erano le grandi major americane, le Wal-Mart e le sue sorelle, che si preparavano a incamerare profitti inimmaginabili.

Ma anche lei fu decisamente favorevole...

Sì, favorevole, con i soliti *caveat* e molta prudenza: cioè aprire progressivamente al mercato, liberalizzando gli scambi, ma con una politica forte nel fissare le regole della concorrenza. Purtroppo fu proprio questo che mancò allora, e che per certi versi manca ancora oggi.

Oggi, con il ritorno dei nazionalismi, dell'autarchia e delle piccole patrie, c'è chi parla di «slowbalization», cioè di forte rallentamento del processo di integrazione dei mercati, o addirittura di de-globalizzazione, cioè di ritorno al passato e ai vecchi steccati. I teorici che sostengono un mondo deglobalizzato, inteso come fenomeno già in atto, sono diversi. Le cito solo Klaus Schwab: «gli eventi recenti e le crisi geopolitiche stanno mettendo in luce la realtà dell'impotenza globale», «stiamo assistendo a un profondo deterioramento delle strutture che storicamente abbiamo usato per gestire il nostro mon-

do», «stiamo assistendo alla deglobalizzazione di un mondo globalizzato mentre le Nazioni Unite, le organizzazioni della Bretton Woods e molte altre strutture multinazionali stanno lottando per non restare indietro rispetto ai mutamenti dei nuovi bisogni globali...». Le pare un'analisi condivisibile?

No, francamente no. Che ci siano difficoltà e conflittualità in atto mi pare evidente, e le stiamo raccontando. Io penso però che la globalizzazione, anche se avrebbe dovuto essere più vigilata, abbia consentito al mondo una fase di grande sviluppo. Non solo: ha permesso alle economie mondiali di crescere, riducendo anche il divario tra Paesi ricchi e Paesi poveri. Non dimentichiamo che quasi due miliardi di persone nel mondo hanno migliorato le loro condizioni di vita. Ha inoltre tenuto a bada l'inflazione e ha abbattuto i tassi di interesse. Poi, certo, ha generato anche problemi, soprattutto quando ha innescato un drammatico dumping salariale e la delocalizzazione industriale. Ancora una volta, siamo ai manicheismi, anche sulla globalizzazione: prima era di moda esaltarla, ora va di moda demonizzarla. La verità è che bastava regolarla. E la si può ancora regolare.

Anche in questo capitolo, ci tocca affrontare la solita mucca in corridoio, come direbbe il suo amico Bersani: l'Europa. Finora abbiamo ragionato solo di rapporti tra Cina e Stati Uniti e tra Rest e West. Ma alla povera UE, *in tutto questo, che parte in commedia vogliamo assegnare? La comparsa, come al solito?*

Diciamolo con franchezza: la nostra stella polare è il rapporto con gli Stati Uniti e l'alleanza euro-atlantica, ma la UE non può sfuggire alla necessità di avere un'intesa con Pechino. L'interscambio commerciale tra Europa e Cina è oggi di un ordine di grandezza poco diverso rispetto a quello tra Unione Europea e Stati Uniti (nel 2023 il primo era di 739 miliardi e il secondo di 943 miliardi di dollari). È ancora più importante sottolineare che quasi la metà delle esportazioni cinesi sono verso i Paesi dell'OCSE e, per la Cina, non sarà certo facile sostituirle. Intanto, perché le cose funzionino meglio, occorrono due presupposti. Il primo è che, nelle relazioni con Pechino, Washington e Bruxelles operino in modo coordinato tra loro: finora non è accaduto, e anzi con la presidenza Trump, quando la Casa Bianca voleva arrivare a un compromesso con la Cina, cercava di raggiungere il suo obiettivo colpendo, ogni volta, gli interessi europei. Questo ha innescato o un infruttuoso bilateralismo o un caotico «fai da te», come il tentato accordo di Obama sull'area commerciale del Pacifico senza la Cina, il trattato commerciale della Cina con l'Australia e gli altri Paesi asiatici senza l'India, o il fallito progetto del CAI, Comprehensive Agreement on Investment, impostato nel 2020 tra Europa e Cina.

E il secondo presupposto?

Il secondo presupposto è che anche in Europa ci sia più coordinamento. È ovvio che la parte del leone la fa la Germania che, con un'Europa in deficit commerciale per oltre trecento miliardi, ha avuto un cospicuo surplus costante con la Cina, dove ha fatto investimenti enormi. La più grande casa produttrice di automobili cinesi si chiama tuttora Volkswagen! Ogni volta che sono andato in Cina, tranne la parentesi da presidente del Consiglio quando privilegiavano l'uso di un modello cinese dall'inequivocabile nome Bandiera Rossa, ho sempre circolato su auto tedesche, che in Cina coprono più della metà del segmento di lusso. Volkswagen e Audi stanno intensificando moltissimo ricerca e sviluppo dell'auto elettrica in Cina, ammesso e non concesso che quella sia la soluzione ai nostri problemi ambientali.

Prof., la fermo, qui una piccola deviazione è d'obbligo: lei non è convinto che l'auto elettrica sia una buona idea?

No, non dico questo. Io sostengo che sia sbagliato, da parte europea, perseguire l'auto elettrica non come «opzione privilegiata», ma come «opzione unica». Questo a mio avviso è l'errore. In politica ambientale, si devono fissare obiettivi, non imporre strumenti, perché a quelli provvede lo sviluppo delle tecnologie, man mano che intervengono nuove scoperte e nuovi brevetti.

Lei punterebbe sui motori a idrogeno?

Io non punto su niente, anche se confido nel progresso della macchina elettrica. Dico solo che, fissato un traguardo di tetto alle emissioni, come lo raggiungiamo mi è indifferente. È come la vecchia barzelletta della produzione dei polli ai tempi di Mussolini, quando il regime controllava quale cibo i contadini dessero alle galline. All'ispettore addetto alla verifica, il primo contadino risponde: «Grano». L'ispettore si infuria perché il grano deve essere riservato agli uomini. Il secondo contadino, vista la lezione, risponde: «Io gli do gli avanzi della nostra tavola» e l'ispettore ribatte irritato che in questo modo non si allevano galline sane. Arriva finalmente il contadino furbo e dice: «Senta, signor ispettore, io do cinquanta centesimi a ogni gallina e poi s'arrangiano loro». Per la ricerca sui motori del futuro dovrebbe valere lo stesso ragionamento.

Torniamo alla Germania. Abbiamo detto che gli investimenti tedeschi in Cina sono fortissimi, e così la presenza delle case automobilistiche tedesche sul mercato dell'elettrico. Questo è un male?

Non lo è. Ma come accennavo, serve una gestione più coordinata a livello comunitario. Mentre Volkswagen e Audi viaggiano sulle strade cinesi, le altre case europee no. Stellantis e altre sono pure importatrici di vetture non avendo stabilimenti in Cina. Negli ultimi due anni i due incontri di Scholz e Xi Jinping in Cina, e di Macron e Xi Jinping in Francia hanno dato esiti tra loro del tutto diversi. Molto più possibilista sui rapporti con la Cina il cancelliere tedesco, molto più oltranzista e difensore della dottrina occidentale il presidente francese. È normale che la Cina si incunei dentro queste divisioni e queste contraddizioni, per perseguire i suoi obiettivi e proteggere i suoi interessi. Riprenda l'esempio del CAI, Comprehensive Agreement on Investment. Quel protocollo indicava una road map di futuri investimenti reciproci tra UE e Cina. Dopo otto anni di trattative, Merkel riesce a farlo approvare dal Consiglio europeo, nell'intervallo fra la presidenza di Trump e quella di Biden. Poi arriva Biden, blocca tutto e ricominciano le tensioni. In più, dopo le sanzioni decise da Bruxelles nei confronti dei funzionari cinesi per la violazione dei diritti umani a danno della minoranza uigura nello Xinjiang, i cinesi nel marzo 2021 compiono l'incomprensibile errore di adottare sanzioni addirittura contro alcuni parlamentari europei, obbligando il povero David Sassoli, che in quel momento presiedeva il Parlamento europeo, ad annunciare «serie conseguenze».

Insomma, una Babele di strategie, di interessi e di linguaggi, che alla fine produce come unica conseguenza il rafforzamento della Grande muraglia…

Esatto. Questo è il problema nella triangolazione asimmetrica Washington-Pechino-Bruxelles.

Ma la Via della Seta, in tutto questo, è stata un'occasione mancata per abbassare quella muraglia a nostro vantaggio, o un'apertura di credito verso la Cina controproducente e pericolosa per l'Europa?

All'inizio era parsa una proposta molto interessante, non solo per loro ma anche e forse soprattutto per noi. Dal mio punto di vista, si aprivano scenari in cui sarebbe stata possibile una proficua collaborazione euro-cinese estesa a ogni angolo del pianeta. Per esempio, nella mia testa Via della Seta significava anche costruire venti ospedali in Etiopia, metà con risorse europee e l'altra metà con risorse cinesi, con l'obiettivo di realizzare un grande piano di sviluppo che coinvolgesse positivamente le aree più svantaggiate del mondo. Ma questo spirito, se mai c'è stato, è svanito subito. E la Via della Seta è diventata ben presto una questione di politica «cino-cinese», anche perché contemporaneamente la Cina aveva adottato una politica divisiva, distinguendo fra Paesi europei più o meno amici. Una divisione per noi intollerabile.

Ormai la pratica è archiviata. Si è ritirata persino l'Italia, che ai tempi del Conte I, il governo grillo-leghista di Salvini e Di Maio, per le Vie della Seta si era persa con felicità pari solo all'irresponsabilità. Nell'ultimo vertice a Pechino con Xi Jinping, la premier Meloni è stata un po' ambigua, ha detto al presidente cinese che quel memorandum è archiviato ma che «dobbiamo lavorare nello spirito della Via della Seta», qualunque cosa significhi. Nel frattempo, a fronte di un interscambio commerciale di 66,8 miliardi di euro nel 2023, che fa della Cina il secondo partner extraeuropeo dell'Italia, a Pechino la premier si è portata la solita delegazione di aziende: ENI, Leonardo, Iveco, Fincantieri, SNAM, Prysmian, Pirelli, Intesa, Generali, Prada, Dolce&Gabbana. A parte qualche gaffe sull'esaltazione di Marco Polo e sui ristoranti di Pechino, che prospettive vede per il «Piano d'azione triennale» annunciato dalla premier?

A prescindere dalle ambiguità sulla Via della Seta, abbiamo da colmare un ritardo clamoroso, purtroppo. Rispetto alla Cina l'Italia ha un forte disavanzo commerciale, in costante crescita, che fa un certo effetto se raffrontato con il surplus tedesco del quale abbiamo parlato. Questa nostra debolezza, anche in settori nei quali vantiamo primati che altrove non ci rendono secondi a nessuno, non si spiega più solo con i divari sul costo del lavoro. Abbiamo ancora troppi limiti dimensionali, finanziari e tecnologici, che rendono difficile alle aziende tricolori l'accesso a un mercato così grande e complesso come quello cinese. In più non ci siamo mai preoccupati di curare le aree di business nelle quali, anche solo per ragioni geografiche, avremmo un vantaggio quasi naturale. Le faccio l'esempio del trasporto marittimo che anche in futuro, secondo le stime più accreditate, rappresenterà il novanta per cento del traffico commerciale. Ebbene, nonostante il Mediterraneo possa contare su un vantaggio di quattro-cinque giorni rispetto ai porti del Nord Europa, questi mantengono saldo il loro primato rispetto ai nostri, che sono stati superati ormai anche dagli altri scali dello stesso Mediterraneo, cominciando dal Pireo e da Algeciras.

Insomma, per la piccola Italia c'è ancora molto da fare, al di là delle photo-opportunity *davanti alla Città Proibita.*

Purtroppo sì. Parafrasando Mao, il mercato globale non è un pranzo di gala.

QUARTA PARTE

Viaggio nelle guerre del Medio Oriente

1

Il Medio Oriente in fiamme: la questione palestinese come paradigma del caos

Professor Prodi, ora dobbiamo parlare dell'altra guerra che devasta il cuore della Terra. A parte qualche intermezzo di tregua più o meno lungo, potremmo dire che il conflitto israelo-palestinese dura ormai da un secolo, e di fatto non è mai finito. Ma l'escalation in corso, forse, è tra le più cruente e le più inquietanti. Abbiamo visto, vissuto e sofferto l'innesco che ha fatto riesplodere la bomba: il barbaro pogrom del 7 ottobre 2023, quando i terroristi di Hamas, in quella che hanno ribattezzato l'operazione «Diluvio Al Aqsa», sterminano in un solo giorno 1300 civili israeliani, centinaia di ragazze e ragazzi che ballavano al rave del festival Supernova nel deserto del Negev e decine di famiglie, neonati compresi, massacrate nei kibbutz a ridosso del confine con la Striscia di Gaza. Un evento che, come si dice, ha fissato oggettivamente «un prima e un dopo». Per parlarne, e per inquadrare i fatti successivi, voglio ragionare proprio dal «prima». Mi ha sempre colpito una frase di Jake Sullivan, il consigliere della Sicurezza Nazionale dell'allora presidente Joe Biden, che giusto sette giorni prima dell'eccidio dice, testualmente: «Il Medio Oriente è più tranquillo ora di quanto non sia stato da decenni». Parto da qui perché questa frase dimostra due cose. Da un lato, come abbiamo compreso subito, la totale impreparazione dell'Amministrazione americana e soprattutto dell'Intelligence israeliana, rispetto alla geometrica potenza dell'operazione che i capi di Hamas, Ismail Haniyeh e Yahya Sinwar, stavano preparando da tempo. Dall'altro lato, l'ottusa illusione che la questione palestinese non fosse più un problema (risolto grazie all'occupazione della Striscia e alla sottomissione di chi la abitava) e che la sicurezza di Israele non fosse più in pericolo (sventato grazie agli accordi di Abramo con le petromonarchie sunnite). Mi colpisce, meno di un mese dopo la mattanza del 7 ottobre, la testimonianza di Yigal Carmon, ex consigliere di Ytzhak Rabin, che racconta: «A maggio, ad agosto, e all'inizio di settembre avevo avvisato della minaccia imminente di Hamas, avevo anche pubblicato i video delle esercitazioni militari a Gaza… Ma Netanyahu pensava di essersi comprato la tranquillità, la sua idea era di lasciare che i vertici di Hamas ricevessero denaro dal Qatar e si arricchissero con il dominio di Gaza…». Mi chiedo, e le chiedo, com'è stato possibile scivolare su un crinale così tragico?

È tutto vero, ma io sono convinto che noi dobbiamo guardare a quell'area del mondo con un orizzonte molto più ampio. Oggi abbiamo un focus sul conflitto israelo-palestinese, ma il conflitto in Medio Oriente non è solo questo. È molto più di questo. È una somma di crisi rimosse e di nodi che vengono al pettine tutti insieme e ci pongono di fronte a una situazione mai vista prima. Il Medio Oriente è Israele e Palestina, è l'Iran del regime dei Guardiani della

Rivoluzione, è la Siria spaccata e divisa, è il Libano squassato da una semiguerra interna e ora anche da una guerra esterna, è lo Yemen implicato nei conflitti attraverso gli Houti, è il Mar Rosso ormai pressoché impraticabile, è l'Iraq fuori controllo e gli accordi di Abramo andati in fumo. Ma il Medio Oriente è anche la tragedia umana più grande e più sconosciuta, quella del Sudan, dove una quantità imprecisata di profughi, ma certamente superiore ai cinque milioni, cerca di fuggire da una guerra civile sanguinosa e sciagurata: un disastro umanitario e geopolitico, che terremota tutti i Paesi vicini. Dall'Egitto che confina nel deserto tre milioni di profughi e non permette loro di mettere su neanche una capanna o una tenda, agli stati del Sahel devastati dalle rivoluzioni e dalle inquietudini, come Mali, Burkina Faso, Repubblica Centroafricana, Niger. Oggi è l'insieme delle vecchie e insolute questioni di quell'area che sta facendo saltare tutti gli equilibri. L'ho toccato con mano all'ultimo convegno della Lega Araba e del Trattato del Mediterraneo, al Cairo, dove ho presentato il mio progetto delle trenta università miste e paritarie tra le città del Nord e del Sud del Mediterraneo. Al Cairo, tra le classi dirigenti di quei Paesi, ti rendi conto del groviglio di relazioni e di contraddizioni che esistono tra loro, degli interessi che confliggono, degli armamenti che si vendono, degli affari che si fanno. Ti rendi conto che in questi decenni non abbiamo guarito nessuna delle ferite del passato. E oggi quelle ferite si riaprono tutte e sanguinano davanti ai nostri occhi.

È proprio l'insieme di tutte queste tragedie incrociate che pesa su di noi, e ci fa sembrare impotenti di fronte alla Storia. Come abbiamo potuto mostrarci così distratti?

È il grande dramma della politica contemporanea, ripiegata su se stessa e incapace di guardare al di là del giardino di casa e delle prossime elezioni. Ma a questo punto si impone una riflessione: non possiamo continuare a essere schiavi del passato, a partire dalla questione palestinese, irrisolta da 80 anni. In questi casi, solo una conferenza internazionale che coinvolga tutte le grandi potenze può riuscire a rimettere ordine al caos.

Ci arriviamo più avanti, alle soluzioni possibili. Ma prima, come sempre, vorrei riflettere con lei sulle ragioni che ci hanno condotto a questo proibitivo tornante della Storia. E vorrei condividere con lei una sorta di preambolo. Io amo Israele. Amo la cultura ebraica millenaria, amo la letteratura ebraica contemporanea, da Chaim Potok a Abraham Yehoshua, da Amira Hass a Eshkol Nevo. Penso che Israele sia una democrazia preziosa, un avamposto moderno di Occidente in una zona del pianeta dove esistono quasi solo teocrazie islamiche. Penso che Israele sia minacciata, da sempre, e meriti protezione. Non possiamo e non dobbiamo dimenticare che la Carta Fondativa di Hamas, del 1988, contempla espressamente l'obiettivo di «distruggere l'entità sionista», per costruire una «Palestina dal fiume al mare». E non possiamo e non dobbiamo dimenticare che, come scrive Paola Caridi nel suo Hamas. Dalla resistenza al regime *(Feltrinelli), il 7 ottobre 2023 rappresenta una frattura, anche per il «mistero Hamas», oltre che naturalmente un «tragico e irreversibile contrappunto sul pentagramma mediorientale».*

Israele, e il popolo ebraico, sono, nella coscienza dell'Occidente, un patrimonio dell'umanità. L'Olocausto è il Male Assoluto dal quale non possiamo mai prescindere. Anch'io amo Israele, che ho conosciuto a fondo anni fa, anche in conseguenza dei miei incarichi politici e ho sofferto il progressivo deterioramento della vita quotidiana e dei rapporti tra le due comunità, israeliana e palestinese. Qualsiasi tentativo di ricomposizione e di accordo diplomatico è sempre naufragato nelle tensioni locali e nell'incapacità di costruire un accordo stabile da parte delle grandi potenze protettrici. Abbiamo sbagliato a lasciare il campo libero alle dinamiche locali. Non siamo stati capaci di gestire il presente e di immaginare il futuro, lasciando che a risolvere i problemi dell'area fosse da un lato Israele, con il suo strapotere militare, tecnologico, industriale, e dell'altro la debole e corrotta autorità palestinese e Hamas, con i suoi metodi violenti e spregiudicati di controllare i territori. Abbiamo chiuso gli occhi troppo a lungo di fronte a tutto questo. È così che siamo arrivati al 7 ottobre, a quel massacro inaccettabile e alla guerra successiva di Netanyahu.

Da quel giorno, e per un anno intero, l'esercito israeliano ha bombardato e raso al suolo Gaza ogni giorno, facendo più di 43.000 morti civili. Grandi intellettuali israeliani ed ebrei si sono indignati. È difficile dare torto a Masha Gessen, quando scrive: «Nella Striscia non c'è genocidio, ma pulizia etnica sì». O a Etgar Keret, che osserva: «C'è stato un pogrom di Hamas, ora ce n'è un altro a Gaza». Grandi editorialisti americani si sono interrogati. E di nuovo, è impossibile non condividere l'appello di Yuval Noah Harari, che invoca Israele a «difendere la sua sicurezza senza perdere la sua umanità», o la riflessione di Nicholas Kristof, che scrive: «La reazione migliore a questa prova difficile è cercare di restare coerenti con i nostri valori, cercare di rispettare nello stesso modo tutte le vite umane: non dobbiamo uccidere i bambini di Gaza, per proteggere i bambini israeliani».

Parliamoci chiaro, dopo quel trauma terribile una reazione era logica e prevedibile. Ma che il governo israeliano abbia peccato di *hybris* non ci sono dubbi. Ha trasformato la reazione di uno Stato colpito a morte in una vendetta senza limiti e senza pietà contro un altro popolo. Questo è l'errore storico e tragico di Netanyahu che, sentendosi come Davide contro Golia e con la ferocia del suo operato, ha isolato Israele dalla comunità internazionale e, quel che è peggio, ha suscitato nel mondo uno sdegno così forte da sfociare in fretta in una odiosa avversione antisraeliana e antiebraica, elemento che rende a sua volta quasi impossibile una soluzione condivisa del conflitto.

Su quello che lei chiama «odiosa avversione antisraeliana» ci dobbiamo tornare, ma intanto voglio approfondire la metamorfosi del governo Netanyahu. Sappiamo che pende su di lui un'inchiesta penale, sappiamo che la sua riforma della giustizia che mirava a mettere sotto il controllo politico la Corte Suprema aveva indotto milioni di israeliani a scendere in piazza per quaranta settimane consecutive, prima del 7 ottobre. Soprattutto, sappiamo che nel suo gabinetto ci sono ministri come Bezalel Smotrich (che dice «se a Gaza restano duecentomila palestinesi invece che due milioni sarà tutto diverso») e Itamar Ben-Gvir (che considera «la guerra di Gaza un'opportunità per incoraggiare l'emigrazione volontaria dei suoi abitanti»). Rappresentano la destra dura e pura, quella dei falchi e dei coloni, intenti nel frattempo ad allargarsi e a dare la caccia al palestinese in Cisgiordania. Ronen Bar, capo dello Shin Bet, il servizio segreto militare di Israele, parla di «terroristi ebrei che fanno danni incommensurabili» e di «giovani delle colline che compiono crimini». Lei considera quella di Israele nei territori una vera e propria «occupazione», e dunque una palese violazione delle risoluzioni ONU*, come molti sostengono?*

Io parlerei di espansione costante e sistematica, che alla fine si traduce in occupazione di fatto. Purtroppo questa è la realtà. Le racconto un mio ricordo personale, che mi turbò molto. Ero presidente della Commissione europea e andai in missione a Gaza. Visitai una scuola e una maestra elementare mi mostrò la sua classe e mi spiegò che quella era la terza generazione di bambine che non poteva uscire dalla Striscia. Si rende conto? Io ne fui sconvolto: capii che Gaza è un carcere a cielo aperto.

Da allora non è cambiato niente. Anzi, le condizioni di vita nella Striscia erano già ulteriormente peggiorate. Prima del disastro del 7 ottobre, un palestinese aveva un reddito pro-capite di 1300 dollari contro i 55.000 dollari di un israeliano, a Gaza la speranza di vita era di 75 anni, la disoccupazione giovanile era al 75 per cento, l'80 per cento della popolazione viveva solo grazie agli aiuti umanitari, l'81 per cento stava sotto la soglia di povertà, l'elettricità veniva erogata solo 13 ore al giorno e il 96 per cento dell'acqua distribuita dall'unica falda funzionante era inadatta al consumo umano. Peggio di così...

Con le espansioni degli ultimi anni sono almeno cinquecentomila i coloni che si sono insediati con la forza in Palestina, nonostante le sollecitazioni contrarie arrivate dall'ONU e dalla Casa Bianca. Dobbiamo riconoscerlo: nella destra israeliana, e nella mente di molti coloni, c'è esattamente l'idea di occupare più territorio possibile per rendere un accordo con i palestinesi a livello multilaterale sempre più difficile, fino a diventare impossibile. In qualche modo, ci stanno riuscendo. E non c'è dubbio che questi comportamenti e queste violazioni continue delle norme internazionali abbiano contribuito ad alimentare l'odio, che poi è deflagrato nella maniera più brutale, crudele e imperdonabile proprio il 7 ottobre.

Il più importante quotidiano progressista israeliano, «Haaretz», sostiene che il primo ministro punta a occupare il nord del territorio, per ammassare i palestinesi a sud e spingerli ad andarsene. La nomina del colonnello Elad Goren a capo delle attività civili-umanitarie di Gaza, avvenuta a fine agosto, sarebbe l'equivalente del capo dell'amministrazione civile in Cisgiordania. Cioè, di fatto una sorta di «governatore» della Striscia. Al tempo stesso, il governo vuole sostituirsi alle organizzazioni internazionali nella distribuzione degli aiuti alla popolazione. Un modo per accrescerne i disagi. «Dopo un altro inverno nelle tende e senza servizi di base – scrive il quotidiano di Gerusalemme – due milioni di palestinesi ammassati a Rafah, Khan Yunis e Al-Mawasi si convinceranno di non poter tornare mai più nelle loro case distrutte» e molti di loro «lasceranno del tutto il territorio palestinese». È un'ipotesi, quella di «Haaretz», ma i fatti sembrano proprio confermarla. In ogni caso, in un anno Israele ha bombardato nella Striscia almeno 300 presidi sanitari, tra ospedali e ambulatori. Sono state colpite case, scuole, campi da gioco. Secondo un'inchiesta del «New York Times», nella caccia mirata ai quadri di Hamas è stata usata l'intelligenza artificiale, ed è stato accettato il principio secondo cui, per colpire un terrorista, è accettabile il sacrificio di almeno cento civili. La Corte di Giustizia dell'Aja non ha esitato a evocare il reato di «genocidio». Una fattispecie giuridica complessa, difficile dire se sia un'accusa fondata o meno. Lei che ne pensa?

Lo chiami come vuole, e non so nemmeno se è questo l'obiettivo di Netanyahu, ma certamente sta provocando una tragedia senza fine. In ogni modo il suo vero disegno è di rendere semplicemente impossibile la permanenza dei palestinesi nei loro territori, costringerli ad andarsene altrove, anche se allo stato attuale un «altrove» non c'è.

Ricordo una bella frase di Golda Meir, che diceva «il grande vantaggio di noi israeliani è che non abbiamo un altro posto dove andare». Ormai questo principio vale anche per i palestinesi, rifiutati tanto dall'Egitto, quanto dalla Giordania.

Ed è anche su questo mancato appoggio del mondo arabo che conta Netanyahu. Perché lungo questo piano inclinato, senza dichiararlo in modo esplicito, Israele rende palese e incontrovertibile il tramonto definitivo della soluzione prevista dagli accordi di Oslo: due popoli, due Stati. In questa situazione, è ormai impensabile anche solo parlarne.

Com'è impensabile ormai l'altro scenario, quello dello «Stato confederato», dove israeliani e palestinesi vivono in pace e in democrazia. Lo «Stato binazionale» sognato nel 1925 da duecento intellettuali, tra cui Martin Buber, Gershom Scholem e Albert Einstein, dove ebrei e arabi avrebbero dovuto vivere con gli stessi diritti. Roger Cohen, sul «New York Times», ha scritto: «Chi ne parla oggi non vive nella realtà, ma su La La Land». Temo che abbia ragione.

Ragione da vendere, purtroppo. Considero la questione palestinese ormai compromessa del tutto. Basta guardare la carta geografica per rendersene conto. Del resto, se così non fosse, il governo israeliano avrebbe forse già liberato Marwan Barghouti, il membro di Fatah e poi delle Brigate Al Aqsa, che tuttavia aveva supportato il processo di pace fino al 2000, e poi, deluso dal fallimento delle trattative, aveva guidato la seconda Intifada. È vero che è stato condannato per omicidio e su di lui pendono cinque ergastoli, ma oggi liberare un personaggio come lui, definito «il Mandela palestinese», avrebbe potuto aprire almeno uno spiraglio alla ripresa di un dialogo. Lo hanno chiesto anche diversi esponenti israeliani, come il gruppo Gush Shalom. Ma Netanyahu non lo fa, e se non lo fa è perché quello spiraglio vuole tenerlo chiuso, a questo punto in via definitiva.

*Netanyahu ha contro la quasi totalità dell'opinione pubblica israeliana, primo perché non ha protetto il popolo ebraico dal «Diluvio Al Aqsa», poi per come non ha gestito l'altra tragedia, quella degli ostaggi israeliani in mano ai terroristi e nascosti nei tunnel della Striscia. Sappiamo quanto è importante il tema degli ostaggi, per il popolo ebraico. Salvare la vita dei rapiti è stata sempre una priorità assoluta di tutti i governi. Negli ultimi trent'anni, per far tornare a casa 19 ostaggi, Israele ha liberato in cambio più di 7000 prigionieri palestinesi. Resta impresso nella memoria il caso di Gilad Shalit, il soldato di 19 anni rilasciato da Hamas nel 2006 in cambio di 1027 terroristi, tra i quali proprio Yahya Sinwar, poi ucciso dall'*IDF *a Rafah, a vantaggio di telecamere ma in circostanze poco chiare, il 16 ottobre 2024. Oggi lo schema pare cambiato. Sempre «Haaretz» ha scritto che Netanyahu ha rinunciato consapevolmente a trattare la liberazione degli ostaggi, con l'intento di non perdere «la giustificazione per portare avanti la guerra». È un'accusa durissima, ma forse non del tutto campata per aria. Lei che ne dice?*

Che il dramma degli ostaggi non sia stato gestito è sotto gli occhi di tutti. Ed è plausibile che questo sia accaduto e accada tuttora perché non è questa la priorità di Netanyahu. Ma qui dobbiamo fare un ragionamento più profondo e se vogliamo anche più doloroso. È chiaro che il governo di Tel Aviv ha enormi responsabilità, per quello che è successo e sta succedendo. Mi pongo tuttavia una domanda: siamo sicuri che se saltasse Netanyahu le cose in Israele cambierebbero?

C'è solo un precedente di un primo ministro israeliano che salta durante una guerra, ed è quello di Menachem Begin, che lasciò nel 1983 durante la prima guerra con il Libano dicendo «non sono la persona giusta»…

Vero, ma il punto non è questo. Il punto è che se oggi per qualche ragione Netanyahu saltasse o si dimettesse, io temo che al suo posto potrebbe arrivare un altro come lui, se non peggio. E qui arriviamo al ragionamento che mi addolora profondamente: Israele è cambiata. Era cambiata già con gli esuli venuti dalla Russia e poi ancora di più con la crescita demografica esponenziale degli ultraortodossi. Oggi, dal punto di vista politico, Netanyahu non ha veri avversari neanche a sinistra. E questo succede perché quel Paese non è più quello che abbiamo conosciuto in tutti questi anni. Le voglio raccontare un'esperienza personale. Ero presidente del Consiglio, nel 2007 partecipai a un convegno interreligioso in terra palestinese. Al ritorno, quando lasciai la sede dell'incontro, con l'auto dell'ambasciata che esibiva la bandiera tricolore, fummo obbligati a scendere da parte di un checkpoint israeliano. Ebbi un momento di imbarazzo quando un soldato venne verso di noi, armato fino ai denti. Si avvicinò e anziché chiedermi i documenti, mi abbracciò strettamente. Ho ancora la sensazione della pressione delle due bombe a mano che teneva nella sua tuta mimetica. Chissà perché lo avrà fatto! Ho sempre pensato che mi volesse dimostrare affetto anche se svolgeva un compito che per definizione suscita timore. Israele era anche questo.

Credo che lei abbia centrato davvero la questione. Israele sembra aver perso quello che Primo Levi chiamava «il filone ebraico della tolleranza». Gad Lerner, nel suo saggio Gaza *(Feltrinelli), osserva che il «Rinascimento ebraico», fondato sull'universalismo, sta ormai cedendo il passo all'esclusivismo e al radicalismo, che portano fatalmente all'isolazionismo e ingrassano, nel resto del mondo, la vena dell'antisemitismo. E qui torniamo al problema che avevamo accennato all'inizio della nostra riflessione, l'antisemitismo. Edith Bruck, una testimone della Shoah, l'ha detto subito: in tutta Europa sta tornando una nebbia fitta, di razzismo, odio, discriminazione. Nei cortei pro-Palestina, in Italia, ci tocca sopportare lo schifo di un cartello che ritrae un'altra, straordinaria donna sopravvissuta all'Olocausto, Liliana Segre, con la scritta «Agente Sionista». Alain Finkielkraut, intellettuale francese, parla di «islamo-gauchisme», cioè la tendenza di certa sinistra a odiare gli ebrei e a vedere sempre nei musulmani i dominati in rivolta contro l'occidente colonialista. Lei la vede montare, l'onda dell'antisemitismo?*

Non mi è mai capitato di incontrare una persona che fosse o si dichiarasse antisemita. Ma è vero che si sono moltiplicati i cortei e le manifestazioni di questo tipo. Penso che le iniziative violente vadano sempre condannate, soprattutto quelle che agitano i vessilli contro una persona così straordinaria come Liliana Segre. Credo però che nelle società democratiche questi sciagurati siano una piccola minoranza: sono le voci di frange esecrabili, ma fortunatamente ancora marginali. Per questo è importante non confondere gli antisemiti con coloro che condannano la politica di Israele. Dobbiamo sforzarci di tenere rigorosamente distinte le due posizioni, così come dobbiamo sempre distinguere Hamas dal popolo palestinese, che ne è in qualche modo vittima. Il popolo ebraico ha sofferto come nessun altro nella storia dell'uomo, e questo non dobbiamo mai dimenticarlo. Al tempo stesso abbiamo il diritto, e a questo punto anche il dovere, di criticare la strategia di Netanyahu che ci sta portando a una guerra sempre più estesa e incontrollabile.

Dopo l'operazione «Spade di ferro» su Gaza, gli omicidi mirati di Saleh al-Arouri a Beirut e di Ismail Haniyeh a Teheran, l'offensiva ibrida con l'esplosione dei walkie-talkie e dei cercapersone per uccidere o accecare i quadri di Hezbollah, il missile che ha annientato il leader Nasrallah, a far insorgere la comunità internazionale è stato l'attacco dell'Israel Defense Forces alle postazioni di UNIFIL, *la forza multinazionale di pace di stanza sulla «linea blu» che divide Israele e Libano. In quella forza internazionale gli italiani costituiscono il contingente più numeroso con oltre 1000 componenti. Quella mis-*

sione iniziò proprio con il suo secondo governo, nel 2006. Che effetto le fa, vedere i soldati di Tsahal che sparano ai caschi blu?

La mia prima reazione è stata quella di dire che Netanyahu, attaccando l'ONU, sta facendo guerra a tutto il mondo. La mia partecipazione è molto profonda perché ho davvero dato, a quella missione di pace, un contributo personale particolarmente importante, in quanto l'Italia è stata il capo fila di una missione internazionale che ha costituito per quasi venti anni un presidio di pace nella zona più calda di tutto il Medio Oriente, il confine tra Israele e Libano. Tutto questo fu messo in atto anche per il rapporto di vera amicizia che avevo con il primo ministro israeliano Ehud Olmert. Ci sentivamo spesso e avevamo un fitto scambio di lettere, condividevamo una profonda identità di vedute, e non solo sulla politica internazionale. Credevamo entrambi possibile una soluzione del problema mediorientale.

Lo stesso Olmert, in un'intervista al «Corriere della Sera», ricorda quel vostro accordo su UNIFIL.

È vero, Olmert ricorda un episodio preciso quando gli spiegai che, per riuscire a rendere operativo il contingente italiano, capofila della missione UNIFIL, avevo bisogno del via libera del Parlamento. Per riuscirci servivano, infatti, i voti dell'opposizione perché la sinistra radicale, interna alla mia maggioranza, non avrebbe mai votato sì. Così chiesi a Olmert di telefonare a Berlusconi e di provare a convincerlo.

E Olmert lo fece. Nell'intervista racconta: «Lo chiamai e gli dissi: "Silvio, sei amico di Israele?". Lui rispose: "Certo". "E allora vota a favore del governo". Replicò: "Mi stai chiedendo di votare per Prodi?". "No, ti sto chiedendo di votare per me"...». Andò proprio così?

Non lo so. Ma so che il Parlamento approvò l'invio delle nostre truppe, e Berlusconi lo votò. Ma non mi limitai a questo. Cercai di convincere anche gli altri partner, internazionali ed europei. Parlai più volte con l'allora segretario generale dell'ONU, Ban Ki-moon e anche con Chirac, al quale chiesi l'invio di un forte contributo francese alla missione di pace. Lo trovai riluttante, ma alla fine della conversazione mi chiese: «E cosa farai, se sarai solo tu a mandare i soldati?». Gli risposi: «Faremo il nostro dovere, anche da soli». A quel punto lui stette un attimo in silenzio e poi concluse: «Ci penso, dammi quarantott'ore di tempo». E invece mi richiamò dopo dodici ore, per dirmi che anche la Francia mandava i suoi soldati. Le racconto tutto questo per dire quanto ci tenevo a UNIFIL che, a conti fatti, è stata l'unica grande iniziativa di pace presa in Medio Oriente, per decenni. Non posso dimenticare con che spirito di amicizia e di condivisione l'allora ministra degli Esteri israeliana, Tzipi Livni, venne in aereo a Grosseto e in un hangar dell'aeroporto concordammo i dettagli della missione. Può immaginare quindi con quale pena e con quale sgomento ho assistito agli attacchi delle truppe israeliane a UNIFIL. Un fatto senza precedenti, di una gravità assoluta.

*Io ho trovato un po' ipocrita, da parte italiana e occidentale, tutto questo sdegno per l'attacco al contingente multinazionale di pace. Perché l'*ONU *e tutti i capi di Stato e di governo, compresi gli Stati Uniti, si indignano e gridano al «crimine di guerra» solo quando l'*IDF *spara su* UNIFIL, *ma non hanno battuto ciglio per un anno, mentre gli stessi soldati israeliani radevano al suolo Gaza, uccidendo migliaia e migliaia di civili? E perché solo ora gli Starmer, i Macron e anche le Meloni parlano di interrompere le forniture di armi a Tel Aviv? Non potevano farlo anche prima?*

Non si può continuare a condannare Netanyahu perché sta adottando una strategia sbagliata e poi continuare a fornirgli tutte le armi. Ci vuole un minimo di coerenza, anche in politica estera.

Approfitto di questa sua condivisione per rappresentarle un altro dubbio. Ho la sensazione che in questi lunghi mesi di combattimenti e di atrocità reciproche la cosiddetta comunità internazionale non abbia mosso un dito per un calcolo molto cinico, che ha visto incredibilmente convergere gli interessi dei Paesi occidentali e quelli del mondo arabo soprattutto sunnita, dall'Arabia Saudita agli Emirati, dal Bahrein al Marocco, fino ad arrivare all'Egitto. L'idea, mi pare, è stata questa: lasciamo che Netanyahu, un leader ormai screditato e «a termine», vada avanti fino in fondo a regolare i conti con la Mezzaluna sciita, e dopo Hamas metta in riga gli Houti, distrugga Hezbollah in Libano, e poi attacchi anche l'Iran, magari fino al punto di destabilizzare e far cadere il regime teocratico dell'ayatollah

Khamenei. Insomma, lasciamo che sia questo presidente israeliano, ormai isolato nel mondo, a finire il «lavoro sporco» e a fare piazza pulita di un po' di terroristi, scomodi per tutti: per l'Occidente già inguaiato con la guerra di Putin, e per le petromonarchie che vogliono riprendere gli affari, avviati con gli Accordi di Abramo dell'agosto 2020 e interrotti dalla follia criminale di Hamas nell'ottobre 2023. Come ha scritto Olivier Roy, su «Le Grand Continent», «non ci sarà nessuna coalizione contro Israele, né "panaraba" né del "sud globale", una nozione buona solo per armare un dibattito geostrategico nei talk show televisivi. E in Europa e in Occidente, l'impatto del conflitto si limiterà a quello che è oggi: una protesta morale confinata nelle università e nei soliti luoghi di rivolta». Condivide l'analisi?

Condivido solo in parte. Sono sicuro che c'è questo approccio, non detto, sia nell'establishment americano che in quello di molti Paesi arabi. Ma a mio parere è proprio questo attendismo cinico, rispetto al «lavoro sporco» di Netanyahu, che allontana il riavvicinamento tra Occidente e Islam, cominciato proprio con gli Accordi di Abramo. Alla lunga, più Israele va avanti con l'escalation, più rafforza la frattura tra «West and the Rest». E poi aggiungo un altro elemento di riflessione, che mi amareggia ancora di più: tutti questi ragionamenti riguardano solo gli Stati Uniti. L'Europa, ancora una volta, è semplicemente assente di fronte al caos.

Professore, tutto quello che abbiamo detto finora sembra condurci ineluttabilmente verso il baratro. Come dice Edgar Morin, dall'alto dei suoi 103 anni, tutto questo odio non è nuovo, ma ormai è scatenato da entrambe le parti, e sta generando il «delirio della colpa collettiva del popolo nemico», che porta solo a nuove crudeltà e nuovi massacri. Che speranza abbiamo, se ce n'è ancora una, di fermare tutto questo orrore senza fine?

Diamo per scontato che il sogno dei «due popoli, due Stati» sia ormai tramontato, forse per sempre. Ma se vogliamo evitare il peggio, e almeno ridurre il danno, bisogna che la comunità internazionale trovi la forza e il coraggio di fare ciò che non ha fatto dagli accordi di Oslo in poi: mettere le mani dentro l'immenso fiume dell'ira che sta infiammando il Medio Oriente. Tutto il Medio Oriente, non solo Israele e Palestina. Le Nazioni Unite non ce la fanno. L'unica soluzione la possono trovare le due grandi superpotenze, Stati Uniti e Cina. Tocca a loro muoversi, scendere in campo e organizzare una grande conferenza internazionale di pace che riguardi tutta l'area. Se non si fa questo, la guerra durerà a lungo, e si estenderà sempre di più.

Anna Foa – figlia di Vittorio, padre fondatore della Repubblica, e di Lisetta Giua, staffetta partigiana – sostiene nel suo ultimo, splendido saggio che la spietata risposta bellica al gesto terroristico di Hamas rischia di essere «un vero e proprio suicidio per Israele». E aggiunge: «Non saranno le armi a sconfiggere Hamas, ma la politica». Non possiamo che darle non una, ma mille ragioni.

2

Le potenze regionali tra velleità e fragilità: l'Iran di Khamenei

Professor Prodi, mentre noi riflettiamo sul ruolo, sul destino e sullo scontro degli imperi, tra le pieghe della geografia e i recessi della Storia si affacciano potenze regionali che, in nome di un passato glorioso e non meno ambizioso, cercano di rinverdire gli antichi fasti e di incidere sui nuovi equilibri. Tutto si intreccia e si tiene, dalle guerre in Siria e in Libia al conflitto russo-ucraino e israelo-palestinese: su ognuno di questi quadranti, Stati-nazione come Iran e Turchia agiscono e interagiscono per riaffermare una loro egemonia territoriale. L'Iran è forse il caso più rilevante e inquietante: la dittatura teocratica della Guida Suprema Khamenei impone un regime feroce all'interno, mentre gioca su tutti i tavoli della destabilizzazione globale all'esterno. Fornisce i suoi droni a Putin per l'offensiva bellica sull'Ucraina, presta il suo supporto militare e logistico alla Mezzaluna sciita che, dallo Yemen a Gaza, organizza il terrorismo jihadista antiamericano e antisionista. La Forza Quds, nata come nucleo speciale del Corpo delle guardie della rivoluzione dopo che l'ayatollah Khomeini prese il potere nel 1979, fece da sponda ai curdi nella lotta a Saddam Hussein, partecipò alla creazione di Hezbollah in Libano, appoggiò i bosniaci musulmani durante le guerre nella ex Jugoslavia, sostenne le truppe siriane di al-Assad nella battaglia contro l'ISIS. Oggi Teheran ispira, finanzia e spalleggia Hamas, Hezbollah e tutte le anime dell'islamismo in lotta contro Israele. Lei l'Iran lo conosce bene, e non da oggi. Di che pasta è fatto quel Paese, che più di venti secoli fa fu la culla di una delle civiltà più colte, raffinate e influenti del mondo?

Lei ha detto bene. L'Iran è forse la più grande contraddizione del mondo. In teoria – e lo dico senza offesa per tutti gli altri – ha una cultura più antica e più avanzata di tutti i Paesi che gli stanno vicino. Ha una struttura scolastica di alto livello, ha risorse di energia e materie prime che non sono certo inferiori a quelle di nessun altro. Condivide il gas con il Qatar, ha giacimenti di petrolio dappertutto, ha una società molto giovane e molto istruita. Io andai in Iran per la prima volta tra il 1976 e il 1977, per tenere un ciclo di lezioni. Era uno dei primi viaggi di analisi che facevo all'estero e ricordo benissimo il clima che si respirava. Vi erano un odio e un rancore viscerale verso il regime dello scià Reza Pahlavi. Tutti, ma proprio tutti, ne parlavano malissimo: i tassisti, i commercianti, le persone semplici che incontravi durante i corsi, ma anche gli esponenti della borghesia benestante che nei ricevimenti offriva caviale in grandi coppe. Io osservavo, capivo che era una situazione sociopolitica che non poteva reggere, mi aspettavo una rivolta, prima o poi. Ma da buon italiano, immaginavo la classica rivoluzione marxista. E tutto mi sarei aspettato fuorché quella islamica, che invece scoppiò, si impose e costruì una struttura di potere unica al mondo. Un sistema piramidale ma complesso: un solidissimo incrocio «multi-filo» tra il potere religioso, il potere militare, il potere economico, il controllo culturale e il controllo personale. Davvero un caso unico, su scala planetaria, perché un assetto del genere si è calato su una società molto avanzata.

Be', prima della Rivoluzione khomeinista del 1978-1979 si ricordano filmati e foto incredibili. Teheran sembrava davvero una capitale occidentale, con migliaia e migliaia di splendide ragazze in minigonna, per le strade, nelle piazze, nei caffè.

Esatto, in poche settimane cambia tutto. Nasce una teocrazia rigidissima e spietata, che da allora non è mai cambiata. Quarantacinque anni uguale a se stessa, senza una sostanziale evoluzione, a parte il tentativo di Mohammad Khatami tra il 1997 e il 2005. Me ne resi conto nella mia seconda visita nel 1984, quando da presidente dell'IRI dovetti affrontare il dossier Bandar Abbas, il porto costruito da Condotte per il quale la Repubblica islamica aveva smesso di onorare i pagamenti pattuiti. Era cambiato tutto, decisamente in peggio. Per questo, nel luglio 1998, il mio viaggio iraniano da presidente del Consiglio fece tanto scalpore qui da noi: ero il primo capo di governo occidentale che si recava in visita ufficiale in un Paese che buona parte del nostro mondo già considerava «nemico». Io mi rendevo conto del problema, sia chiaro. Ma in base alla mia solita convinzione, che rifugge dalle teologie politiche, ero convinto che un tentativo di riannodare i fili andasse fatto, anche perché vedevo uno sforzo riformatore in Khatami. E ancora oggi penso che forse si sarebbe potuto utilizzare meglio quel piccolo spiraglio che Khatami stava faticosamente tentando di aprire.

Lei lo vedeva da Roma, quello sforzo. Ma lo vedevano anche da Washington?

Certo mi posi questo problema! Prima di partire io ebbi infatti due scambi di opinioni con Clinton, perché in quel clima e in quel contesto non vai a Teheran senza parlarne con la Casa Bianca.

E Clinton cosa le disse?

All'inizio non era favorevole. Cercai di fargli capire che aveva poco senso, anche dal punto di vista americano, tenere un canale preferenziale solo con l'Arabia Saudita, che ha molti meno abitanti, senza avere un dialogo con un grande Paese da cento milioni di cittadini. E alla fine, mettendo sul piatto i costi e i benefici, riuscii a convincerlo. «Proviamo a seminare tanto, Bill, se le cose vanno bene il merito è vostro, se invece vanno male è colpa mia.» E così partii per Teheran.

E quali frutti germogliarono dal suo viaggio?

Le premesse sembravano buone, ma il raccolto fu assai magro. Tra le tante occasioni di incontro, partecipai a un pranzo ufficiale in mio onore, organizzato dal presidente

Khatami, a cui, per la prima volta nella storia del nuovo regime iraniano, furono ammesse anche le donne. Gli dissi che negli anni ciascuna delle due parti aveva commesso errori, sia il regime dei mullah sia l'Occidente. Grazie al lavoro diplomatico di Augusto Fantozzi, che era il mio ministro del Commercio estero, riuscimmo a sbloccare l'eterna impasse su Bandar Abbas. Ma ci fermammo lì: le mie speranze di archiviare le incomprensioni e di ritessere la tela delle relazioni politiche ed economiche svanirono subito. Ma non mi sono mai dato per vinto. Nel 2008, appena terminata la mia seconda esperienza a Palazzo Chigi, tornai a Teheran per una conferenza interreligiosa, insieme al segretario generale dell'ONU Kofi Annan e ad altri ex capi di governo europei, come il francese Lionel Jospin. In quell'occasione rividi Khatami e poi ebbi due faccia a faccia, con la Guida Suprema Ali Khamenei e con il nuovo presidente della Repubblica Mahmud Ahmadinejad. L'Iran allora viveva un momento positivo sul piano economico. Ma i condizionamenti imposti dal fondamentalismo religioso erano troppo forti. Ahmadinejad era di un'ortodossia impressionante. Lo sollecitai a riaprire un canale con l'Occidente, lui fece finta di non capire. Gli raccontai allora la storiella di Giulia: «Vede, illustrissimo presidente, Giulia era la più bella compagna di scuola dei tempi del liceo: tutti le facevano la corte, ma lei diceva sempre di no. Ci perdemmo di vista, ma quando la rincontrai per caso, trent'anni dopo, la trovai triste, sola e piena di rimpianti per le tante occasioni perdute!». Il presidente continuava a far finta di non capire e allora fui ancora più esplicito: «Non vorrei che capitasse la stessa cosa all'Iran!». Lui ridacchiò appena, senza rispondere. Ma quando ci rivedemmo, giusto un paio d'anni più tardi, fu lui ad avvicinarsi e a chiedermi: «Allora, come sta Giulia?». E io: «Sempre peggio, caro presidente». Ormai i giochi erano fatti, il fanatismo religioso e la Sharia avevano azzerato tutti gli spazi di libertà e di confronto con gli altri Paesi. Al punto che, quando provai a chiedere un incontro di puro e semplice saluto con Khatami, agli arresti domiciliari, dopo tanti anni dal nostro primo colloquio del 1998, le autorità di Teheran me lo impedirono. Quel presidente, che aveva rappresentato una parentesi di momentanea apertura culturale, in pratica era stato cancellato dalla vita politica del Paese. Allora ho detto alle autorità che mi accompagnavano all'aeroporto: «Non tornerò mai più in Iran». E infatti non ci sono più tornato. Mi dispiace molto perché, insisto, quello resta un Paese troppo grande e troppo importante perché venga lasciato andare alla deriva, sia sul piano interno sia sul piano internazionale che, soprattutto, sul piano dei diritti umani.

Infatti, oggi è proprio questo che stupisce. Sul piano interno, l'assassinio di Mahsa Amini, massacrata dai Guardiani della rivoluzione perché non indossava correttamente il velo, ha scatenato una gigantesca protesta delle donne e dei giovani, repressa nel sangue dal regime che continua ad arrestare, torturare e impiccare chiunque osi ribellarsi. Sul piano internazionale, l'Iran continua a essere il Grande Burattinaio del terrorismo jihadista e antisionista e lo sponsor ufficiale di Hamas. Come ci si rapporta a uno Stato canaglia del genere?

È evidente che per dialogare bisogna essere in due e l'Iran di oggi è indisponibile a qualunque forma di collaborazione. Eppure, anche qui si nasconde l'anomalia iraniana. L'organizzazione del potere – che come abbiamo detto mescola l'esercito e il Corano, la politica e l'economia – è sempre più retriva e oppressiva, ma tiene. Anche dopo la terribile guerra con l'Iraq, con astuzia e cinismo, sono riusciti a creare un apparato di governo e di sottogoverno di una compattezza impressionante. Intanto, però, sotto sotto la società è in continuo fermento, e non da oggi. In questo la gioventù iraniana è diversa da quella che qualche anno fa diede vita alle primavere arabe. I giovani iraniani non si fermano, non si sono mai fermati, nemmeno di fronte alle esecuzioni di piazza. Sono ragazze e ragazzi straordinari. Io ho imparato a conoscerli nei miei seminari a Teheran. All'Università di Bologna ho poi conosciuto studentesse, studenti e ricercatori iraniani, di un livello culturale e intellettuale elevatissimo. Oggi si deve riconoscere che in Iran, nonostante il totalitarismo khomeinista, la società non è morta, ma è solo oppressa. Il mio rammarico nasce proprio da qui: se si fosse riuscito a costruire qualche canale di dialogo, forse si sarebbe potuto aiutare anche quel popolo in lotta.

Un popolo che oggi, nonostante la nostra indifferenza, continua a sfidare il regime, a scendere in piazza e a gridare «Donna,

Vita, Libertà». Che speranze hanno, quelle ragazze e quei ragazzi?

Difficile capirlo, non solo per quanto abbiamo detto sulla durezza del governo iraniano, ma anche perché c'è sempre il rischio di un conflitto armato, come già capitato con l'Iraq. Sarebbe devastante perché preluderebbe a una terza guerra mondiale. Oggi, in ogni caso, noi possiamo fare ben poco per aiutarli. Servirebbe una capacità di influenza sul regime che proprio non abbiamo perché quel regime è ancora molto compatto e oppressivo.

Nel frattempo, il 19 maggio 2024 è morto il possibile successore di Khamenei, il presidente della Repubblica Ebrahim Raisi. Le strane circostanze della sua scomparsa, un incidente in elicottero, accreditano tutte le ipotesi, compresa quella di un sabotaggio interno. Cosa vuole l'Iran, oggi? Che obiettivi si prefigge, nell'entropia del mondo?

Quello che sta facendo il regime – in Ucraina con il supporto a Putin, in Medio Oriente con il sostegno ad Hamas, a Hezbollah e agli Houthi nello Yemen – conferma che l'obiettivo, almeno per ora, è quello di accrescere il proprio peso nell'area. I Guardiani della rivoluzione sanno bene alcune cose fondamentali. Sanno che, da soli, non possono nulla contro l'Occidente. Sanno che, nucleare o no, non diventeranno mai una superpotenza. Sanno che, nel mondo arabo, rappresentano la minoranza sciita che non potrà mai diventare egemone rispetto alla maggioranza sunnita. Quindi, attraverso le guerre per procura sparse nel mondo, riescono a interpretare strategicamente il ruolo di un Paese importante, ma relativamente debole, che di volta in volta può dimostrare la sua utilità marginale sostenendo questo o quel conflitto, sempre in funzione antioccidentale e antisraeliana. Questo sta avvenendo, questo continuerà ad avvenire, almeno fino a quando gli americani non riusciranno a far finire la guerra in Palestina.

3

La Turchia di Erdoğan

Un discorso un po' diverso lo merita la Turchia. Una realtà ancora più complessa, viste le incredibili influenze culturali e religiose che si sovrappongono e si incrociano in quella terra di cerniera tra il Nord e il Sud, l'Ovest e l'Est. E vista anche la personalità multipla di Recep Erdoğan, un rais islamico che guida il Paese da più di un decennio e che si definisce «democratico e conservatore» ma che invece, soprattutto negli ultimi anni, sta accentuando il suo profilo autocratico, populista e fondamentalista. Un processo che di fatto, ma anche di diritto, ha posto fine a quel sano cammino di laicizzazione introdotto negli anni Trenta dal fondatore della Repubblica Turca, Kemal Atatürk. Oggi anche la Turchia è difficile da definirsi: si vota, sembra una democrazia, ma forse più passa il tempo più anche quella diventa una democratura.

La Turchia è un'affascinante, stranissima «entità». Tra quelli che definirei gli Stati intermedi, è senz'altro quello che si avvicina di più al sistema democratico. Voglio dire, al contrario delle dinamiche che abbiamo appena sviscerato sull'Iran – dove il regime può cadere solo se scoppia un'altra rivoluzione – in Turchia teoricamente il governo potrebbe anche cambiare grazie al voto popolare. Finora non è successo, è vero. Ma sulla carta nulla potrebbe impedirlo. La società intermedia turca sta vivendo grandi sommovimenti. Siamo di fronte a una modernizzazione molto veloce, che anche dal punto di vista politico potrebbe facilitare il cambiamento. La Turchia urbana non è solo Istanbul, ma è anche Ankara, anche Smirne. Il ceto medio sta conoscendo un sensibile miglioramento delle proprie condizioni materiali. La Turchia è Asia, ma resta anche Europa. I legami storici tra noi e loro ci sono, e sono anche molto forti. Ma poi l'evoluzione politica ha reso improbabile, se non impossibile, questo ulteriore passo sulla via dell'allargamento europeo verso la Turchia.

Lei è stato un protagonista assoluto del dibattito sull'ingresso della Turchia nell'Unione. C'è stato un momento in cui sembrava alla portata, sul finire degli anni Novanta. Poi è tutto cambiato in fretta. È stato un altro «wishful thinking» di noi occidentali? Cosa ricorda di quella stagione?

Faccio un passo ancora più indietro, e le racconto un fatto che mi successe, quando non avevo ancora nessun incarico politico. Mi ritrovo in volo casualmente seduto vicino all'ex presidente francese Giscard d'Estaing. Sfoglio i giornali e leggo una sua intervista che all'epoca fece un certo scalpore, così gli chiedo: «*Monsieur le Président*, perché ha espresso una posizione così dura contro la Turchia?». Lui, che pure non so se avesse una profonda fede religiosa, mi guarda con irritazione e mi risponde a brutto muso:

«Monsieur, ils ne sont pas catholiques!». Questo per dire che – nonostante i rapporti tra Ankara e Bruxelles risalissero all'inizio del progetto europeo e gli accordi economici risalissero al 1963 – anche in Europa ci sono stati sempre molti giudizi critici, se non proprio pregiudizi antiturchi. Soprattutto da parte francese. Ma per paradosso, nel 1999, fu proprio un altro presidente della Quinta Repubblica, Jacques Chirac, a proporre al Consiglio europeo di Helsinki l'immediato avvio dei negoziati per l'adesione turca alla UE. Fu un bel masso nello stagno che innescò un dibattito molto vivace. C'era chi, come il cancelliere austriaco Wolfgang Schüssel, non ne voleva sapere, ricordando addirittura nello stesso Consiglio europeo l'assedio di Vienna del 1683 da parte delle milizie ottomane. Alla fine si decise di dare avvio ai negoziati.

Un rischio ben calcolato, o il solito, inutile cuore oltre l'ostacolo?

Oggi ognuno la può vedere come meglio crede. La verità è che in quella fine degli anni Novanta Erdoğan rappresentava una grande novità nel panorama di Eurasia. Da un lato, Ankara manifestava una ferrea volontà di entrare nell'Unione. Dall'altro lato, in Occidente, me compreso, tutti guardavano al nuovo presidente come colui che avrebbe completato l'opera di Atatürk, laicizzando definitivamente lo Stato e separando finalmente il potere politico dall'apparato militare. Persino Clinton, in uno dei nostri incontri, mi sollecitava a fare con la Turchia quello che l'America faceva con il Messico.

La faceva facile, il vecchio Bill...

Infatti, io lo bloccai subito: «Mister President, non mi risulta ci siano parlamentari messicani al Congresso di Washington!».

E poi cosa accadde?

La discussione andò avanti, tra strappi e ricuciture. Man mano che Erdoğan accentuava la sua natura tendenzialmente dispotica, in Europa crescevano resistenze e diffidenze. Nella primavera del 2002, appena eletto presidente della Convenzione europea incaricata di stendere la Costituzione, Giscard confermò quello che mi aveva detto già su quel volo: «Non voglio la Turchia nella UE». La stessa cosa pensava Helmut Kohl, che in una pausa di un vertice europeo di pochi mesi dopo, mentre io insistevo sulla necessità di non chiudere le porte a Erdoğan, mi prese amichevolmente in giro: «Romano, tu devi aver avuto una pessima maestra elementare: non ti ha spiegato che l'Anatolia è in Asia, non in Europa!». Persino nel Partito popolare europeo montava la preoccupazione sugli effetti che avrebbe determinato l'ingresso dei turchi nel Parlamento di Strasburgo: «Attenzione a quello che facciamo, perché se entrasse la Turchia, con i tassi di crescita della popolazione che si ritrova, in poco tempo diventerebbe il gruppo parlamentare più numeroso dell'intero emiciclo».

Pian piano la convinsero a mollare...

Senta, non è che io fossi uno sprovveduto. Ero il primo

a sapere che quella era una scommessa ad altissimo rischio. Non a caso proprio in quella fase diedi un'intervista alla televisione turca, che fece un certo scalpore. Lo dissi in modo molto chiaro: «Per il negoziato sull'ingresso della Turchia nell'Unione ci vorranno tra i venti e i trenta anni». Il giornalista, meravigliato, mi chiese perché mai tutto questo tempo. E io gli risposi in modo molto semplice: «Dovete sapere che in Italia, quando capitano cose che incutono timore o preoccupazione, c'è ancora chi dice "mamma, li turchi!", come faceva mia nonna quando ero bambino». Volevo fargli capire che la memoria storica pesa nell'immaginario dei popoli e che per poter realizzare transizioni così radicali servono il giusto tempo e la necessaria gradualità. Ma in cuor mio non mi rassegnavo, nonostante vedessi lievitare i dubbi intorno a una svolta che in Turchia non si riusciva ancora a scorgere. Nel 2004 Erdoğan venne a trovarmi a Bruxelles, e io per prima cosa lo invitai a guardare fuori dalla finestra del mio ufficio: «Vede, presidente? Se lei si guarda intorno, dalla cima di questo palazzo, non vede nessun campanile, ma solo il minareto della Grande Moschea, il simbolo più alto della cultura islamica nel cuore della capitale dell'Unione». Volevo dimostrargli quanto fossimo ben disposti e soprattutto di quanto rispetto e di quanta tolleranza fossimo capaci, noi figli della Madre Europa. Lui sorrise, apprezzò, ma non raccolse la mia sollecitazione. Consideri che non era ancora cominciata la tragica offensiva di Al Qaeda contro l'Unione, che iniziò tra il marzo 2004 e il luglio 2005 con le bombe alla stazione di

Atocha, a Madrid, e poi con gli attentati alla «Tube» di Londra e poi Parigi, Bruxelles e tutti gli altri tragici atti di terrorismo.

Professore, per come sono andate le cose possiamo dire che avevano ragione Giscard, Kohl e tutti quelli che le dicevano che la Turchia alla fine fa solo i suoi interessi e sfrutta l'Europa come un taxi, da usare solo se e quando conviene, approfittando delle sue contraddizioni. Ci ricordiamo tutti la crisi dei migranti siriani nel marzo 2016. La cancelliera tedesca Angela Merkel va a Istanbul, e firma con il «sultano» Erdoğan un accordo che impegna la Turchia ad accogliere più di quattro milioni di profughi in cambio di un sostegno comunitario da più di sei miliardi di euro, oltre all'impegno ad avviare una ripresa del negoziato per la piena membership turca nella UE, *un'accelerazione dell'unione doganale e una liberalizzazione dei visti d'ingresso per i cittadini turchi. Si è visto poi com'è andata a finire, con un contenzioso durissimo nel quale Erdoğan ha riaperto ai migranti le frontiere con la Grecia, accusando l'Unione di non aver onorato i patti e di non aver rispettato i tempi nel versamento delle tranche dei pagamenti. Se a questo aggiungiamo la sponda che Ankara ha offerto sia pure solo a parole ad Hamas, a Hezbollah e all'Iran, allora il quadro è sufficientemente chiaro.*

Certo, a differenza di allora, oggi il quadro è chiaro. Negli anni Erdoğan ha cambiato radicalmente il suo approccio e la sua strategia rispetto al mondo musulmano. È andato a cercare nuove constituency elettorali nei movimenti più vicini all'Islam radicale. Oggi, con tutte le ambiguità riguardo alla sua politica macroeconomica, gioca un ruolo straordinariamente importante sulla scena internazionale. Con i massicci investimenti in Asia Centrale, con la sua presenza in Siria, con l'incredibile influenza in Africa, la Turchia ha acquisito un ruolo politico infinitamente più grande di quella che è la sua forza economica. La responsabilità è soprattutto delle divisioni europee, anche in questo caso, perché il sultano occupa spazi che noi gli abbiamo lasciato a disposizione, con la nostra imbarazzante latenza o assenza dalle partite fondamentali. Il Mediterraneo era «mare nostrum», e l'abbiamo lasciato a loro.

4

La Siria, la Libia e l'assenza europea

Anche con quei Paesi, anche con i «rais» dittatori che li hanno governati, lei non si è mai tirato indietro, anche a costo di concentrare su di sé molto fuoco amico.

Glielo confermo. L'ho già detto, lo ripeto. Siria e Libia, per me, sono sempre stati pezzi della nostra scacchiera mediterranea. Da Roma, e poi da Bruxelles, ho sempre cercato di tessere la tela della pace nel Mediterraneo. Non ci sono riuscito, su questo non c'è dubbio. Ma non ho cambiato idea: anzi, sono sempre più convinto che all'origine del fallimento ci sono anche le nostre scelte sbagliate. Come la pretesa di esportare la democrazia non con la democrazia, ma con gli eserciti. Come le guerre in Iraq e in Afghanistan, poi in Siria e in Libia. Come la totale inconsistenza dell'Unione Europea su ciascuno di questi dossier, la sua imbarazzante rinuncia a far valere i suoi interessi di fronte all'alleato americano. È così che abbiamo lasciato mani libere alla Russia, che spalleggia il regime di al-Assad in Siria e invia armi alla Cirenaica e alla Turchia, che fiancheggia Hezbollah in Libano e schiera truppe in Tripolitania. Mentre noi europei, privi di una politica estera e di una difesa comune, non siamo da nessuna parte.

Lei ci provò, a parlare con i tiranni. Che mi dice di Bashar al-Assad?

Lo conobbi nel 2000, quando andai ai funerali di suo padre, Hafiz al-Assad, tiranno assoluto della Siria di quel tempo. Poi tornai nel febbraio 2001, quando ero al vertice della Commissione europea. Partii in missione in Medio Oriente. Mi fermai in Giordania, poi in Libano, e infine arrivai a Damasco, dove incontrai di nuovo il giovane Bashar, succeduto a suo padre e diventato presidente. Discutemmo a lungo di un possibile rafforzamento dei rapporti tra la UE e la Siria. Poi, alla cena conclusiva, con le due delegazioni sedute una di fronte all'altra, ai lati opposti del grande tavolo, mi accorsi che al-Assad aveva fatto installare due enormi fioriere che ci isolavano dagli altri commensali. Voleva essere sicuro che nessuno del suo entourage e dei suoi servizi di intelligence potesse ascoltare il nostro colloquio nel corso del quale mi manifestò il suo interesse a instaurare rapporti amichevoli con l'Unione Europea. Se racconto per l'ennesima volta questo episodio è solo per spiegare quanto fossero e sono tuttora complicate le cose in quei Paesi, e quanto è difficile riuscire a stabilire rapporti solidi e durevoli.

Infatti si interruppero presto, con l'assassinio del premier libanese Rafiq al-Hariri, il 14 febbraio 2005. Saltò con la sua auto, mentre passava davanti all'Hotel Saint George, ucciso da un kamikaze in un attentato che la comunità internazionale, allora, imputò ai servizi segreti siriani.

Sì. E fu in quell'occasione che dall'Eliseo mi telefonò il presidente Jacques Chirac, che considerava al-Hariri un amico della Francia, per dirmi, con tutta la fermezza di cui sono capaci i nostri cugini d'Oltralpe: «*Ils sont des assassins!* Sono degli assassini: Romano, o parli con me o parli con Assad». E pensare che al funerale di al-Assad padre, tutto il governo siriano aveva mostrato una vera devozione nei confronti di Chirac e della Francia. Da quel momento non ho più parlato con al-Assad. Ma lo ribadisco ancora una volta: con questa gente avremmo dovuto parlare quando era ancora possibile. Non ci si può confrontare solo con gli amici. Anche io conoscevo bene al-Hariri ed ero profondamente colpito dalla sua morte, sia sul piano politico che su quello personale. Pensi che ho avuto persino l'avventura di sedere accanto a lui quando, guidando la sua auto, mi aveva condotto per le vie di Beirut, a notte fonda. Passammo anche davanti all'Hotel Saint George.

Lo stesso modus operandi lei lo applicò con Muammar Gheddafi, facendogli piazzare la sua tenda nel cuore d'Europa. Anche in questo caso, le polemiche si sprecarono. «Prodi chiacchiera amabilmente con un dittatore» era il minimo che le potessero dire...

Certo che era un dittatore, né più né meno come al-Assad. Ma chiedo a lei, come chiesi allora a quelli che mi attaccavano: che si deve fare con i dittatori? Gli si manda l'esercito per buttarli giù, salvo poi lasciare il campo a nuovi dittatori ancora più brutali e sanguinari dei precedenti? Oppure si tenta di farli ragionare, cercando punti di convenienza comune, ovviamente senza cedere di un millimetro sui nostri principi e i nostri valori? Come ho già detto altre volte: sono tutti buoni a parlare con san Francesco, il problema è quando devi parlare con il lupo. Io con il lupo Gheddafi ci ho parlato tante volte. E sa perché l'ho fatto? Per semplice realpolitik. Lui era un interlocutore, in quell'area. Altri non ce n'erano. Io parlavo e continuo a parlare ancora oggi con i leader delle tribù libiche, perché ovunque io sia andato ho sempre voluto instaurare rapporti anche con le opposizioni. Ma in quegli anni la Libia era il Colonnello, c'è poco da fare. E la Libia è a un braccio di mare dalla Sicilia, e quindi dall'Europa.

*Così lei, nello sconcerto generale, accoglie Gheddafi a Bruxelles, il 27 aprile 2004, appena terminato l'embargo dell'*ONU. *Erano quindici anni che il rais non metteva piede sul Vecchio Continente. E chi gli apriva le porte era proprio lei*

Con lui ero stato molto chiaro, nel preparare la visita: «Se non paghi gli indennizzi per gli attentati di Lockerbie e La Belle, attribuiti da subito al terrorismo libico, a Bruxelles non metti piede». Lui pagò una bella vagonata di miliardi di dollari, sia per l'aereo abbattuto sia per la bomba nella discoteca di Berlino. Poi arrivò a Bruxelles, si accampò in un giardino con la sua solita tenda, ed esordì con una dichiarazione ufficiale che scandalizzò qualche mio collega: «Voglio esprimere gratitudine a mio fratello Romano...».

Chiaramente non avevamo un rapporto fraterno. Ma in quegli anni ci parlammo e ci incontrammo diverse volte, anche con suo figlio Saif. Oltre a Bruxelles, anche a Londra, a Bologna. E io non ho dubbi: quel rapporto, breve, spesso rude, ma intenso fu utile all'Europa e anche all'Italia. Come quando ottenni con una telefonata il rilascio immediato, senza le solite infinite trattative, dei pescherecci e dei pescatori di Mazara del Vallo, che erano stati sequestrati dalle motovedette libiche. Per non parlare dell'autorizzazione all'ingresso della Croce rossa in Tripolitania, immediatamente dopo l'inizio della sanguinosa rivoluzione libica.

*Ma non servì a impedire il disastro. Il 20 ottobre 2011 Gheddafi viene linciato e ucciso dalla folla, scoppia la guerra civile, con il fattivo contributo dei governi europei, il Paese si divide in due, Tobruch contro Tripoli, irrompono sulla scena i legionari della Wagner e i miliziani dell'*ISIS.

Una follia senza eguali. Trascinate da Sarkozy, Francia e Gran Bretagna attaccarono improvvisamente la Libia, ma senza l'aiuto degli americani, che fornirono sistemi d'arma, munizioni, apparati di intelligence e telecomunicazioni, non sarebbero nemmeno riuscite a vincere la guerra contro Gheddafi.

Anche l'Italia di Silvio Berlusconi fu in prima linea, nonostante il Cavaliere fosse un grande amico del Colonnello…

Sì, quella fu la follia nella follia. Non avevo mai visto prima un Paese che decide di partecipare a una guerra contro se stesso. Purtroppo Berlusconi cedette alle pressioni di Giorgio Napolitano che, per non lasciare l'Italia isolata rispetto a Francia e Gran Bretagna e soprattutto agli Stati Uniti, sollecitò il nostro intervento. Fu una scelta tragica, che ci tagliò fuori da tutto e scaricò su di noi tutti i problemi e le tensioni dell'area. Oggi ne paghiamo le conseguenze, come si può vedere.

Lei avrebbe potuto fare il mediatore, prima ancora che partissero i caccia per abbattere il rais. Ma qualcuno non volle. E non fu Dio...

Non vollero Berlusconi e Sarkozy nel 2011, e nemmeno Renzi nel 2015. La storia è nota, ma vale la pena rinfrescarla. Primo capitolo: quando la guerra era già in corso, ma Gheddafi era ancora vivo, l'ex presidente sudafricano Mbeki inviò al segretario generale dell'ONU Ban Ki-moon una lettera ufficiale, sottoscritta da ben venticinque capi di Stato ed ex capi di Stato del Continente, nella quale si chiedeva che fosse affidato a me il compito di avviare un dialogo di riconciliazione con la Libia. Anche se la lettera cominciava con le parole «*We strongly recommend* Romano Prodi come mediatore», non se ne fece nulla, a quanto pare per il veto di Sarkozy e di Berlusconi. Secondo capitolo: quattro anni dopo fui riproposto come mediatore tra le fazioni libiche in lotta. Io ero pronto perché ritenevo di avere una conoscenza approfondita della complessità della situazione libica. Andai da Renzi a Palazzo Chigi per spiegargli che la mia missione, se avesse dato il via libera, per lui sarebbe stata win-win: «Se riesco ci guadagni anche tu, se fallisco perdo solo io». Niente da fare. Mi rispose che mi vedeva meglio come segretario generale dell'ONU e che presto mi avrebbe candidato per quel ruolo. Io capii l'antifona. Gli risposi che sarebbe stato impossibile, non solo perché erano tanti quelli che vi aspiravano, e la nomina non era certo nelle mani dell'Italia, ma aggiunsi che nel momento in cui la carica sarebbe stata disponibile, avrei compiuto settantotto anni. Un'età non compatibile con il ruolo. Fra me pensai: «E perché non candidarmi direttamente a fare il papa?». Lo pensai con ironia mista ad amarezza perché ero, e resto convinto, che in quella crisi devastante, al centro del Mediterraneo a poche miglia marine dall'Italia, avrei potuto forse dare una mano. Oggi, purtroppo, sembra tardi per tentare qualunque iniziativa di pace.

QUINTA PARTE

Viaggio nella Finis Europae

1

Il Logos, i Lumi e la Dea Incompiuta: dal sogno di Ventotene all'incubo dell'irrilevanza

Professor Prodi, siamo all'Europa, il suo grande amore...

Guardi, ci ripensavo proprio qualche giorno fa. Mi è tornato in mente che in terza media, a Reggio Emilia, vinsi in premio un orologio per il miglior tema della scuola. Per carità, era un orologetto, non certo un Rolex. Ma sa su cos'era quel tema? Sull'Europa unita. Era il 1953, ancora non esisteva neanche la CECA, ma circolavano i discorsi di Schuman, di De Gasperi, di Sforza. Io ne sentii parlare e ne rimasi stregato.

Era proprio destino, mi viene da dire. Sono passati settantuno anni, da allora, tutto è cambiato e ricambiato mille volte. Ne abbiamo già accennato a più riprese, nei capitoli precedenti. Abbiamo visto come nella disgregazione del Vecchio Mondo e poi nei tentativi di rimetterne insieme i cocci, l'Europa abbia giocato un ruolo sempre più defilato e marginale. È ora di mettere i piedi nel piatto di questa progressiva evanescenza europea. L'Unione era un sogno, per molti della sua generazione quasi un'ossessione, come lei stesso ci ha raccontato. Mi viene sempre in mente Un altro ferragosto *di Paolo Virzì*

– girato a Ventotene – dove un Silvio Orlando ormai incanutito e malato per tutto il film non fa altro che raccontare al piccolo nipote Tito le grandiose visioni di Altiero Spinelli, Eugenio Colorni, Sandro Pertini, confinati sull'isola dal regime fascista. Visioni ormai relegate a un ricordo lontano, sempre più sbiadito e sempre più inattuale. Quel sogno, attraverso continue discese e risalite, oggi pare diventato quasi un incubo, visto che la guerra torna a squassare l'anima del Continente. Non si può dire che l'Europa federale non abbia fatto passi avanti. Ne ha fatti, dagli accordi di Roma alla CECA, *da Schengen ai Fondi di coesione, dal Mercato unico all'Euro, dal Trattato di Lisbona al Next Generation* EU. *Ma la sensazione, ormai la quasi certezza, è che non siamo riusciti ad andare al di là di un'Europa come spazio economico e/o un Moloch burocratico, costruito sui numeri e i parametri piuttosto che sui valori e i bisogni, guidato da un'élite non ingaggiata «per» i popoli ma «contro» i popoli. Un'Europa che sembra aver smarrito la sua missione, un'Europa dove la Tecnica prevale sulla Politica, un'Europa sempre più austera e matrigna e sempre meno sociale e solidale. Il rigore di bilancio vince sul dolore delle persone. L'allargamento a Est e la crisi finanziaria, la tragedia greca e la cura della Troika fanno il resto. L'emarginazione e la povertà trasformano il risentimento sociale in motore politico, arriva la Brexit, montano i populismi e i sovranismi, serbatoio delle destre radicali in ascesa, dalla Francia di Marine Le Pen all'Ungheria di Orbán, dalla Germania dell'*AFD *all'Italia di Meloni e Salvini. Poi ragioneremo sull'esito delle elezioni europee dell'8-9 giugno, sulla tenuta*

della maggioranza Ursula, sulle sorprese del voto francese, sul cupio dissolvi dei patrioti tricolore. Ma intanto le chiedo: come siamo arrivati a questo sfarinamento del quadro europeo?

È inutile che ripercorriamo tutte le tappe della Storia. Ormai le conosciamo anche troppo. Il Manifesto di Ventotene, concepito nel 1941 da un drappello di uomini visionari e coraggiosi, per me resta un miracolo quasi inconcepibile. La prima Ventotene nasce come reazione al fascismo e alla guerra. Sono i due grandi sentimenti che innaffiarono quel seme d'Europa, anche se bisognerà aspettare la CECA, l'Euratom, il MEC, perché fioriscano in organismi istituzionali. La storia europea ha fatto progressi, straordinari soprattutto sul versante economico. Il Mercato comune è stato una leva imprescindibile per il futuro degli assetti non solo europei ma mondiali. E poi c'è stato l'Euro, e in quel momento la ragionevole certezza delle classi dirigenti e dei popoli era che saremmo andati verso un'unione molto più forte. Nelle istituzioni europee la Commissione era vissuta già come il simbolo, o meglio l'embrione, di un vero «governo europeo». E non è un caso che proprio nella Commissione fosse nata la Costituzione europea, cioè la Carta dei valori e dei principi comuni che avrebbe dovuto rendere il cammino irreversibile.

E poi cosa accadde? Perché il cammino si interruppe, e l'Europa prese un'altra direzione?

Il passaggio-chiave sul quale inciampa l'Europa federale è il referendum francese. La bocciatura della Costituzione da parte di un grande Paese fondatore blocca tutto e stravolge gli equilibri e gli scenari. È da quel fatale 2005 che iniziano le incertezze sulla direzione di marcia e il Consiglio europeo comincia a prendere il sopravvento sulle altre istituzioni comunitarie. La Commissione, istituzione sovranazionale, perde peso mentre il Consiglio, composto dagli Stati membri, diventa il vero centro dell'Europa: questo è il grande cambiamento. Con la mia Commissione avevamo fatto l'ultimo tentativo, costruendo i pilastri fondamentali, cioè l'implementazione dell'Euro, la riforma della governance e la sistemazione dei confini con l'allargamento. Tengo molto a descrivere correttamente quale sia stata l'importanza dell'allargamento a Est e con quali modalità lo si è raggiunto. I nuovi Paesi hanno avuto uno sviluppo straordinario e da tutti riconosciuto. Da quando è cominciata la guerra di Ucraina, anche i più feroci detrattori dell'allargamento si sono resi conto di quanto sia stato importante mettere in sicurezza la Polonia e i Paesi che confinavano con la Russia. Si è trattato dell'unica vera esportazione pacifica della democrazia ottenuta attraverso rigorosi sistemi democratici. I governi e i Parlamenti dei nuovi Paesi sono entrati nell'Unione aderendo in modo democratico alle regole comuni. Come capita alle giovani democrazie, vi sono stati problemi e anche vere e proprie deviazioni, ma nonostante tutto la democrazia si sta complessivamente radicando nei popoli. Pensi a quanto è accaduto in Polonia e, anche se l'Ungheria ancora fa eccezione, l'opposizione democratica resiste e pone le basi per il futuro. Intanto possiamo constatare che, dopo la Brexit, nessun Paese si sogna di uscire dall'Unione Europea. La mia idea era, ed è anche oggi, che si debba irrobustire al tempo stesso la struttura economica e quella politica. Purtroppo il «mal francese» ha rallentato il nostro cammino comune ancora una volta.

Perché dice «ancora una volta»?

Perché la Francia ha sempre voluto tenere la chiave dell'Europa politica. E ce l'ha tuttora, a maggior ragione dopo la Brexit. Con il no alla Costituzione quella chiave i francesi la usarono per chiudere le porte a un'Europa più unita e più forte. Oggi la storia si ripete. La guerra d'Ucraina e il conseguente riarmo tedesco hanno reso urgente la svolta che la Francia ha sempre evitato e rinviato, cioè promuovere la nascita di un esercito europeo mettendo a disposizione, dell'Unione Europea, il suo arsenale nucleare e il diritto di veto al Consiglio di sicurezza delle Nazioni Unite. Finora questo rifiuto francese non aveva avuto costi troppo elevati, per la UE. Ma adesso, con la Russia che bombarda Kiev e la Germania che, per la prima volta dalla fine della Seconda guerra mondiale, mette sul tavolo cento miliardi di Euro e si impegna a dedicare alle spese militari più del due per cento del suo cospicuo PIL (divenendo così il terzo bilancio militare del mondo, dopo quello americano e cinese e superiore a quello russo), la renitenza di Parigi rischia di far pagare un prezzo altissimo all'Europa. Non possiamo continuare a pensare all'Unione come a «un gigante economico, un nano politico e un verme militare». Ed è inutile che continuiamo a sproloquiare di «esercito europeo», se non unifichiamo i ventisette stati maggiori e i ventisette eserciti. È inutile che i vari Consigli europei discutano se escludere le spese militari dal calcolo del deficit, se emettere bond per finanziare gli armamenti, senza mettersi d'accordo sulla difesa comune nella quale impiegare queste risorse. Perché vede, il paradosso, l'ennesimo, è che ogni Stato membro spende, ma ognuno spende per conto proprio e quindi «son soldi buttati». Siamo arrivati all'assurdo che, pur avendo raggiunto una spesa totale di oltre cinquecento miliardi di Euro, quindi oltre la metà degli Stati Uniti e ben oltre i duecentonovantasei miliardi della Cina, la capacità militare europea viene ritenuta fragilissima, in quanto frammentata e senza una vera strategia comune sotto l'aspetto produttivo e di efficacia in caso di conflitto. Abbiamo infiniti tipi di carri armati non fungibili l'uno con l'altro. Di conseguenza è necessaria un'autorità unica che armonizzi le produzioni industriali e le strategie degli eserciti.

Il caveat *è sempre lo stesso: serve la politica, altrimenti non si va da nessuna parte.*

Sì, serve la politica. Ma serve una politica che non viaggi guardando sempre lo specchietto retrovisore. Perché è questo che è successo e sta ancora succedendo agli ex imperi del Vecchio Continente. Il Regno Unito vota «leave» al referendum e decide la Brexit perché guarda il suo passato impero con lo specchietto retrovisore. Lo stesso ragionamento vale per la Francia, che vota no alla Costituzione e non sblocca la difesa comune perché guarda lo specchietto retrovisore. Osservi come Parigi stia perdendo la presa sul Continente africano. Alla Russia sono bastate pochissime migliaia di mercenari della Wagner per conquistare mezza Libia, Mali, Burkina Faso, Repubblica Centrafricana e Niger. Cosa aspetta la Francia a capire che la sua politica africana non può essere più quella del secolo scorso?

Insomma, professore, il suo prologo di questa nostra corsa a tappe nell'incompiutezza europea è che Macron sta zavorrando l'Unione. È così?

Sì, e negli ultimi tempi sembra zavorrare addirittura se stesso. Non è però solo responsabilità francese. Se vogliamo impedire la paralisi europea, alla quale abbiamo assistito in questi anni, dobbiamo abbattere a tutti i costi il totem dell'unanimità che è condiviso sempre da più Paesi ai quali, da poco, si è aggiunta anche l'Italia. Questo stallo non è più sostenibile e l'unico modo per sbloccarlo è l'Europa a più velocità, l'Europa delle cooperazioni rafforzate che possono partire con l'accordo di almeno nove Paesi lasciando le porte aperte per qualsiasi altra nazione che voglia parteciparvi successivamente, così come, lo ricordo ancora una volta, è avvenuto per l'Euro.

Sacrosanto. Ma le pare aria?

Forse il mio amore per l'Europa mi ha illuso ancora una volta. In tutta onestà, avevo creduto che la tragica guerra in Ucraina potesse innescare non solo una solidarietà militare, ma una solidarietà «totale». Non sta andando così. E purtroppo, riflettendo sulla lenta erosione della coesione europea, dobbiamo constatare che si sta accodando anche l'Italia. Non vorrei che si ripetesse il ruolo dannoso che il nostro Paese ha svolto nella storia contemporanea. L'Italia, infatti, così poco potente, ha dato il via ad alcuni dei maggiori cambiamenti negativi della politica degli ultimi decenni: Mussolini è stato il maestro di Hitler, Berlusconi è stato il maestro di Trump e il Movimento Cinque Stelle è stato l'inconscio maestro del populismo europeo, dal quale poi sono derivati i consapevoli sovranismi delle destre estreme.

Sull'Italia abbiamo e avremo molto su cui ragionare. Ma intanto le chiedo: sono tanti gli osservatori e gli analisti che parlano della «Finis Europae», nel senso di un rischio di scomparsa dell'Unione dal grande Risiko geostrategico in atto. Ma la classe politica europea, secondo lei, è consapevole del pericolo, o continua a ballare incosciente sotto il vulcano?

Più che il pericolo della scomparsa, io vivo l'angoscia dell'irrilevanza. E non vedo molta consapevolezza di questo, nei padroni del vapore. Noi stiamo già finendo ai margini della globalizzazione, schiacciati tra i due imperi. Rischiamo che gli Stati Uniti e la Cina guardino all'Europa solo come a un mercato, più o meno interessante. Gli americani mettono qualche stabilimento in Germania, i cinesi aprono qualche impianto di automobili in Ungheria e tutto finisce lì. Loro dominano il mondo delle reti e l'Europa è fuori. E qui sorge un pericolo nel pericolo perché la risposta al rischio dell'irrilevanza è quella automatica, autarchica e patriottica delle destre autoritarie e sovraniste. Ma se crediamo di salvarci chiudendoci in noi stessi, nei confini di un'Europa-fortezza patetica e antistorica, noi combattiamo l'irrilevanza producendo solo ulteriore irrilevanza.

Eppure, fatto l'Euro, sembrava fatta l'Europa, e forse sembravano fatti anche gli europei. Ma lei e il suo ministro del Tesoro, Carlo Azeglio Ciampi, foste i primi a dire che quello era solo il primo passo, necessario ma insufficiente.

Necessario ma insufficiente, proprio così. Quel primo passo rendeva indispensabili i passi successivi, che invece non furono compiuti. In questo modo il travaso di peso politico dalla Commissione al Consiglio e il diritto di veto hanno fatto sì che si sia passati dall'Europa dell'unità, all'Europa dei continui compromessi.

Possiamo dire che, se oggi quella che rallenta tutto è la miopia francese, allora quella che mancò fu la lungimiranza tedesca?

È proprio così. Si ricorda la famosa frase di Thomas Mann: «Non voglio un'Europa germanica, ma una Germania europea»? Ebbene, dopo l'Euro, a partire dalla crisi finanziaria iniziata nel 2008, i tedeschi fecero l'opposto. Nel momento in cui si decise di mettere in comune l'entità più simbolica e identitaria di una nazione, cioè la moneta, era ovvio che fossero necessarie correzioni di bilancio in ciascuno dei Paesi coinvolti. Ma la Germania pretese che quella convergenza avesse una curvatura quasi punitiva, per chi non aveva i fondamentali in ordine. E devo dire, con rammarico, che Italia e Grecia diedero una bella mano a far passare la linea dura...».

In che senso?

Il mio governo tra il 1996 e il 1999 mise il debito sotto controllo e fu l'unico a fare fortemente diminuire il rapporto debito/PIL. Così anche il mio secondo governo tra il 2006 e il 2008. Con i governi successivi il debito ricominciò a salire, non si fecero le necessarie manovre correttive e questo fornì al governo tedesco e alla Bundesbank l'alibi che cercavano per tenerci costantemente sotto tiro e chiederci sacrifici sempre più pesanti.

La potremmo dire così: come oggi la Francia si ostina a non voler cedere sovranità mettendo in comune la difesa, allora la Germania iniziò a non voler cedere sovranità evitando ogni forma di mutualizzazione del debito.

Sono sovranità diverse, una è politica e l'altra è economica. Ma in effetti nascono dallo stesso vizio d'origine: ritenere il passato il miglior rifugio per il futuro, la corsa in retromarcia come la miglior garanzia per illudersi che si stia andando avanti.

Guardando nello specchietto retrovisore, tuttavia, anche nella stagione della nostra rincorsa all'Euro restano impressi gli scontri, le polemiche, le questioni controverse e irrisolte. Per esempio, si discute ancora sul famoso «schiaffo di Valencia»: la leggenda vuole che il suo governo avesse deciso di entrare nella moneta unica solo nella fase due, e così il 18 settembre 1996 in una «cumbre hispano-italiana» nella città spagnola il primo ministro Aznar la molla e dice: «Voi fate come volete, noi entriamo subito con Francia e Germania». Fu davvero questo affronto a costringerla a rivedere i piani, ad accelerare i tempi con una manovra durissima e a lanciare la grande rincorsa all'Euro con il gruppo di testa?

Ha detto bene lei: «la leggenda vuole». È una ricostruzione clamorosamente falsa, che ho già smentito più volte. Quando andai al vertice di Valencia avevo già mandato da un paio di settimane a Kohl e a Chirac, insieme alla ripetuta volontà di entrare nell'Euro con il gruppo di testa, il piano di risanamento di bilancio che ci avrebbe portato subito nella moneta unica. Aznar, nell'intervista al «Financial Times» in cui annunciava l'accelerazione spagnola, subito dopo l'incontro con me, mentì sull'Italia per farsi bello di fronte alla sua opinione pubblica. Gli ho rinfacciato più volte questa clamorosa bugia, nel corso degli anni. Non avevo certo bisogno di lui per sapere cosa era giusto per l'Italia. Per altro conservo ancora il testo della lettera inviata a Kohl e a Chirac.

Sta di fatto che subito dopo quel vertice a Valencia lei annunciò l'Eurotassa.

Non è così. Anche su questo non dobbiamo mai smettere di fare chiarezza. Il mio governo entrò in carica il 18 maggio del 1996, io annunciai l'Eurotassa nell'ottobre successivo e la approvammo il 30 dicembre. Ma io capii molto prima che il clima in Europa e nel Paese era cambiato e che i tedeschi e gli italiani si fidavano di me e del mio governo. Me ne resi conto pochi mesi dopo l'insediamento quando venne da me a Palazzo Chigi il ministro delle Finanze, Enzo Visco. Mi posò sul tavolo la tabella con le entrate fiscali e mi disse: «Presidente, qui stanno entrando un sacco di soldi». Io non potevo crederci: «Com'è possibile?» risposi. «Non abbiamo preso ancora nessuna decisione in campo fiscale.» Poi, riflettendo, una spiegazione riuscimmo a darcela.

E quale fu?

Le entrate fiscali aumentavano perché la gente aveva capito che il governo aveva una strategia molto precisa contro l'evasione fiscale e sarebbe durato. E per me fu ed è tuttora la conferma che quando la politica parla chiaro, si fa capire e siede a capotavola, i risultati arrivano. E in quel caso i risultati furono tali che abbiamo restituito l'Eurotassa nei tempi e nei modi stabiliti.

Nella trattativa sul passaggio della Lira nell'Euro la accusarono di aver ceduto alla Germania. Si trattava di stabilire la parità con il Marco tedesco, dalla quale poi sarebbe disceso il tasso di conversione con l'euro, a quota 1936,27. Il braccio di ferro con la Germania fu durissimo. E il risultato finale spinse e spinge tuttora la destra a sparare a zero su di lei: l'Euro per l'Italia è stato un bagno di sangue perché Prodi ha calato le braghe di fronte a Kohl.

È vero l'opposto: io ottenni il risultato migliore per l'Italia, proprio mettendo sul tavolo della trattativa le mie uniche fiches: la credibilità e la fiducia di cui godevo agli occhi del cancelliere. Ricordo come fosse adesso l'ultima telefonata con Kohl. Ero qui, nel mio studio a Bologna, lui non aveva la sua traduttrice. Allora io chiamai la figlia di un mio carissimo amico di Bonn che abita qui e che ovviamente parla un tedesco perfetto. A un certo punto Kohl, curiosissimo come sempre, le chiede: «Tu come ti chiami?». «Anna Loren Westrick.» E il cancelliere si esalta: «Lo stesso cognome del capo di gabinetto di Adenauer!». E lei: «Era mio nonno, Herr Kohl». Quanto alla sostanza era chiaro che a noi sarebbe convenuto entrare nell'Euro con la massima svalutazione possibile, l'ultima che potevamo fare per favorire il nostro export. Chiesi perciò che il cambio fosse a 1000 Lire per un Marco. Ma era altrettanto chiaro, e il cancelliere me lo ribadì, che lui non poteva presentarsi al Bundestag dicendo «abbiamo concesso quota 1000 all'Italia». Facemmo un compromesso incredibilmente vantaggioso per noi perché il cambio a 990 era il migliore possibile. La conversione rispetto all'Euro, cioè 1936,27, non fu una scelta nostra, come invece hanno fatto credere per anni gli euroscettici della destra, ma la risultante matematica di questo nostro favorevole cambio con il Marco. Ma il governo successivo al mio, con una propaganda bugiarda, è stato abilissimo a far credere alla gente che l'aumento dei prezzi fosse il frutto dell'arrivo dell'Euro. La verità è che da quando la moneta unica è entrata in vigore, dal primo gennaio 2002, la fiammata intollerabile dei prezzi, avvenuta solo in Italia e in Grecia, è stata una responsabilità precisa del governo Berlusconi. Furono loro a non volere l'indicazione del doppio prezzo di vendita nei negozi, in Lire e in Euro e nemmeno vollero dar corso all'istituzione delle commissioni provinciali per il controllo sui prezzi che il mio governo aveva stabilito.

Se permette, professore, io ho una mia teoria sul tema. Quello che lei dice è vero, ma l'inerzia del governo Berlusconi non fu frutto di insipienza o incompetenza: fu invece una scelta politica molto precisa. La Casa delle Libertà, nel dibattito sull'opportunità o meno di entrare nell'Euro con i Paesi del gruppo di testa, fu molto ambigua. Pendeva più per la frenata che non per l'accelerazione. Berlusconi sapeva che entrare nell'Euro, per buona parte degli operatori economici, avrebbe comportato l'accettazione di una sfida competitiva molto seria. Sarebbero servite ristrutturazioni industriali e commerciali, per migliorare l'efficienza delle filiere. Buona parte delle imprese marginali italiane, abituate alle svalutazioni competitive, rischiavano di non farcela. E così il Cavaliere, senza dirlo, propose un patto tacito alle sue constituency elettorali: noi entriamo nell'Euro, voi dovreste fare moti sacrifici, ma io chiudo un occhio sulle catene della distribuzione e della vendita al dettaglio e lascio che voi, nel passaggio dalla Lira all'Euro, vi garantiate comunque i vostri margini aumentando i prezzi quanto volete. Sono troppo malizioso?

No, non lo è affatto. Andò esattamente così. I mancati controlli furono una scelta consapevole del governo Berlusconi, che fece pagare a tutti noi consumatori il favore fatto alle categorie che lo votavano. Fu una gigantesca operazione di redistribuzione del reddito, dal lavoro dipendente al lavoro autonomo. E quando vidi che anche il prezzo dei giornali era aumentato, capii che la battaglia era persa per sempre.

Restiamo ancora un attimo sull'Euro. Fece quasi scandalo che proprio lei, da presidente della Commissione UE, *nel 2003 definisse «stupidi» i parametri di Maastricht. Perché lo fece? Era un modo per dare una mano all'Italia?*

Assolutamente no. Lo feci perché lo pensavo e lo penso tuttora. Era stupido stabilire dei numerini e mantenerli invariati, qualunque fossero la condizione di un Paese o la congiuntura del mondo. Era stupido fissare al tre per cento il rapporto deficit/PIL, indipendentemente da tutto. Ritenevo e ritengo tuttora che in certe fasi fosse giusto il tre, in altre fosse opportuno lo 0,5, in altre ancora fosse necessario il cinque. Il bilancio pubblico deve essere uno strumento che serve a garantire l'interesse di un Paese e a rispettarne gli obiettivi. Allora, se uno Stato membro ha un deficit elevato, può essere opportuno obbligarlo a raggiungere un surplus, non ci si può limitare al contenimento del deficit. Viceversa, se uno Stato membro è in fase di stagnazione si deve consentirgli un deficit più alto perché ha bisogno di dare una spinta all'economia con più spesa pubblica. Lo diceva John Maynard Keynes, molto prima e molto meglio di me. Fissare un parametro uguale per tutti, e non cambiarlo mai, rende impotente la politica e affida tutto il potere all'algoritmo, cioè alla tecnica. Se da presidente della Commissione avessi avuto il potere di farlo, io i parametri di Maastricht li avrei proprio eliminati. Allora avrei voluto un profondo esame sulla situazione e sulla politica economica per approdare a una sorta di legge finanziaria europea, su base poliennale, che fissasse gli obiettivi di fondo e poi demandasse al confronto tra la Commissione e i singoli Paesi i tempi e i modi della convergenza.

E chi fu a risponderle picche?

Questo è un altro paradosso, l'ennesimo. Mi risposero un no secco i soliti noti. Quelli che guardavano sempre in cagnesco i Paesi del cosiddetto Club Med – Italia, Grecia, Portogallo e Spagna – perché non facevano mai «i compiti a casa», come si diceva allora. Gli stessi soliti noti che, solo pochi mesi dopo, avrebbero sforato a loro volta i parametri e preteso una deroga allo sforamento. Nella famosa notte del novembre 2003, quando all'Ecofin io posi il problema di Germania e Francia che avevano superato il tetto del deficit – la prima arrivando al 3,5 e la seconda a oltre il quattro per cento del PIL – furono proprio i ministri del Tesoro di quei due Paesi a rispondermi che loro non avrebbero mai varato manovre aggiuntive per rientrare sotto il tre per cento.

Ma quindi proprio lei, che era contro i parametri stupidi, si trovò a doverli difendere di fronte ai tedeschi e ai francesi?

In quel frangente avevo l'obbligo di difendere i parametri «stupidi» perché erano parte integrante del Trattato di Maastricht. Cioè erano la legge e finché una legge esiste la si deve rispettare, anche se ti chiami Berlino o Parigi. Ma la cosa più buffa è che in quell'aspra discussione, accanto a Francia e Germania, si schierò contro di me anche il rappresentante italiano Giulio Tremonti!

Lei era presidente della Commissione. Ma con quale argomento la contestò pubblicamente, durante il vertice?

Disse che considerava assolutamente legittimo che Parigi e Berlino sforassero. E che riteneva assolutamente necessario che la Commissione accordasse loro la deroga. Fantastico, no?

Perché lo fece, secondo lei? Per togliersi la soddisfazione di dare un bel cazzotto in faccia a Prodi?

Sì, forse c'era anche quella motivazione secondaria. Ma la principale era un'altra: voleva fosse messo agli atti il suo fattivo contributo alla creazione di un «precedente», che in quel momento serviva a Francia e Germania, ma che in futuro sarebbe stato utilissimo soprattutto all'Italia.

Sta di fatto però che, nel combinato disposto tra i parametri stupidi, i vincoli di bilancio e la stagione dell'austerity innescata dal crac Lehman Brothers e poi dalla crisi greca e da quella dei debiti sovrani, dell'Europa sociale e solidale si perdono le tracce. Rimangono solo le manovre lacrime e san-

gue, le stangate decise a tavolino dalla BCE *e dal Fondo monetario, i tagli draconiani alla previdenza e alla sanità.*

Tutto vero, per carità, ma questi sono eventi successivi alla mia presidenza quando il ruolo della Commissione era stato, volutamente, indebolito in favore del potere del Consiglio e quindi dei singoli Paesi membri. Tenga inoltre conto di un fatto: Lehman Brothers, e il collasso finanziario globale che ne deriva, è una crisi americana, nata da errori americani e da banche americane. Ma qui entra in gioco la grande differenza tra noi e loro. Di fronte a quel disastro, l'America rimedia subito, interviene la Fed, scattano i salvataggi. Noi europei, al contrario, litighiamo, ci dividiamo, ci scontriamo a colpi di veti incrociati. Va così da sempre, e continua ad andare così perché, come ho detto molte volte, l'Europa è «un pane mezzo cotto e mezzo crudo», senza una linea politica condivisa. L'unica eccezione è stata la reazione al Covid.

Allude al Next Generation EU, *primo vero esperimento di mutualizzazione del debito europeo?*

Sì, è stato un segnale di un progresso importante. Anche se in Italia, l'aiuto europeo del PNRR è stato disperso in mille rivoli, spacchettato e snaturato in misure settoriali dissennate, come il centodieci per cento e i bonus a pioggia. L'ho sempre ripetuto fino alla noia, anche di fronte alle cause più nobili: un sussidio non può mai superare i due terzi del suo valore, perché in caso contrario chi ne beneficia è spinto quasi naturalmente all'imbroglio. Ma a parte i soliti eccessi del Belpaese, dove siamo soliti trasformare qualunque cosa in emergenza, a livello europeo un parziale salto di qualità nell'approccio ai problemi c'è stato. E il motivo è evidente.

E sarebbe?

La pandemia ha scavalcato gli Stati e ha devastato il corpo e la mente delle persone in carne e ossa. Ogni singolo individuo si è sentito in pericolo, a prescindere da dove vivesse, da quanto guadagnasse, da cosa votasse. Il Covid è stato davvero «democratico», e quindi ci ha obbligato a una risposta corale. Purtroppo l'unica, fino a ora.

Covid a parte, lo storytelling populista e sovranista vuole che l'Europa continui a decidere sul serio solo sulle misure delle vongole, sui tappi di plastica delle bottiglie...

Lasciamo stare la vulgata spiccia. Il problema è più serio e più profondo e chiama in causa non solo l'Europa in quanto tale, ma le classi dirigenti di ogni singolo Paese. Nessun governo prende più decisioni di lungo periodo. È sempre più vera la frase di De Gasperi sugli statisti che dovrebbero prendere decisioni guardando alle prossime generazioni, e non alle prossime elezioni. Se guardiamo all'Europa, persino il Paese più abituato a pensare in lungo, cioè la Germania, è oggi afflitto dal breve termine. Su queste basi anche le istituzioni europee girano a vuoto e appaiono sempre più distanti e frustranti agli occhi delle opinioni pubbliche. Per questo è sempre più urgente una scossa, un sussulto, un colpo d'ala. Il problema è che l'Europa fa solo le cose sulle quali tutti sono d'accordo. Gli Stati Uniti, tanto per fare il solito esempio, si sarebbero già sciolti da un pezzo se adottassero gli stessi folli meccanismi decisionali che abbiamo noi. Si può anche tirare a campare a forza di compromessi, ma non si arriva così a un'Europa unita e forte.

Questi sono tutto fuorché tempi normali. A parte le guerre, l'Occidente non è mai stato così diseguale, l'Europa non è mai stata così anziana, afflitta com'è dall'inverno demografico che manda in tilt gli ingranaggi della più grande conquista del secolo passato, il grande patto sociale tra capitalismo e democrazia che ha dato vita allo Stato sociale. A questo aggiungiamo lo strapotere autoreferenziale che stanno acquisendo colossi dell'intelligenza artificiale come Nvidia (che a Wall Street è arrivata a raggiungere una capitalizzazione di 3336 miliardi di dollari, più del PIL *italiano) e i cosiddetti «capitalisti della sorveglianza» riuniti nel club degli «over the top»: Google e Apple, Microsoft e Amazon, Facebook e X. C'è davvero da dormire preoccupati.*

Appunto. Tutti gli economisti, a partire da Piketty, convengono sul fatto che i livelli di disuguaglianza stanno minando le basi delle democrazie. Apple oggi vale almeno venti volte quello che valeva IBM dieci anni fa, quando l'antitrust americano obbligava lo scioglimento della più grande impresa telefonica mondiale e frammentava la stessa IBM. Se il prodotto interno lordo dei Paesi più avanzati cresce a ritmi dell'uno-due per cento, mentre i profitti delle grandi imprese e delle grandi banche viaggiano a incrementi del venti-venticinque per cento, è chiaro che prima o poi il sistema va in cortocircuito. Ma quello che mi preoccupa di più è che nonostante l'analisi dei problemi sia condivisa più o meno da tutti, la soluzione non interessa a nessuno. Vedo una rassegnazione e una sfiducia che mi angosciano. Nessuno si ingegna per provare a salvare le conquiste che hanno reso l'Europa la terra dei diritti e delle libertà solidali. Nessuno pensa a preservare e rilanciare l'eredità buona del XX secolo, che ci ha lasciato le due più immani sciagure di sempre, cioè le due guerre mondiali, ma ci ha anche donato la più grande invenzione delle liberal democrazie moderne, cioè il Welfare State.

Comunque, durante il suo mandato al vertice della Commissione, un altro fronte caldo fu quello dell'allargamento dell'Unione a Est. Lei ne fu prima un sostenitore, e poi l'esecutore: il primo maggio 2004 aderiscono alla UE *Polonia, Ungheria, Slovenia, Repubblica Ceca, Repubblica Slovacca, Lettonia, Estonia, Lituania, Cipro e Malta.*

Eravamo a Dublino, quel giorno. E c'era un sole splendido, cosa piuttosto inconsueta da quelle parti. Un bel segnale, anche quello. Ma soprattutto c'era un autentico senso condiviso che si stava completando la costruzione dell'Europa dando ai nuovi Paesi membri non solo le garanzie per un maggiore sviluppo, ma la sicurezza che la democrazia sarebbe diventata finalmente un patrimonio comune.

D'accordo, ma non abbiamo avuto troppa fretta, anche lì, come la avemmo nel far entrare la Cina nella WTO? Oggi gli Stati membri che sembrano frenare di più il processo federale sono proprio quelli del Gruppo di Visegrád, guidati dall'Ungheria di Orbán.

Questa critica la respingo senza se e senza ma. L'allargamento è stato forse il successo più grande dell'Unione, insieme alla moneta unica. E sa perché? Prima di tutto perché con quel passaggio, dieci anni dopo la caduta del Muro, scrivemmo definitivamente la parola «fine» su uno dei capitoli più tragici della Storia del Novecento. E poi perché fu un'adesione spontanea di tutti quei Paesi, che avevano un desiderio genuino, autentico di voltare pagina e di riconoscersi nella nostra comunità di destino. Il 9 maggio di quest'anno ero in Slovenia, per la cerimonia del ventesimo anniversario del loro ingresso in Europa. C'erano tutte le autorità, ovviamente: il presidente della Repubblica di Slovenia, il primo ministro, il presidente della Corte Costituzionale, il presidente del Parlamento, il presidente della Banca centrale. E poi c'era una folla in festa, migliaia di persone con le bandierine dell'Europa in mano, felici di aver realizzato quello che a loro pareva davvero un sogno irrealizzabile. Se lei pensa che solo fino a venti anni fa c'era un confine invalicabile tra loro e noi, c'era il filo spinato che circondava la stazione di Gorizia. Ci rendiamo conto di che rivoluzione è stata quella?

Insisto: c'è chi sostiene che foste troppo precipitosi.

È una scemenza. Quel treno passava una sola volta nella Storia e noi non potevamo perderlo. Aprimmo le porte dell'Unione a quasi ottanta milioni di cittadini, offrendo loro una straordinaria occasione di riscatto. Passavano dalla dura repressione di regimi totalitari alla convivenza pacifica tra popoli democratici. L'Europa dimostrò al mondo, e devo dire in particolare agli Stati Uniti, di essere l'unico vero «esportatore di democrazia» del pianeta. Affermammo un modello vincente, altro che «troppo precipitosi». Oltretutto, riuscimmo a portare a termine questo gigantesco piano di inclusione quasi a costo zero: dopo l'allargamento e l'ingresso di quei dieci Paesi abbiamo mantenuto il bilancio della UE al di sotto dell'un per cento del prodotto interno europeo. Mi creda: meglio di così non poteva andare. Resta inoltre il fatto che l'allargamento fu realizzato senza nessuna tensione con la Russia con la quale avevamo ovviamente avuto continui e ripetuti contatti e che era solo preoccupata dell'avvicinarsi della NATO e non dei nuovi confini europei. È in questo senso che abbiamo afferrato la Storia, nel solo momento in cui era possibile farlo.

Torniamo all'oggi, professore. Resta un dato di fatto: al di là degli errori «storici» di Germania e Francia, l'onda nera di questi ultimi anni è partita soprattutto dagli ex satelliti dell'Unione Sovietica, e in particolare dall'Ungheria e dalla Polonia. Le destre sovraniste e oscurantiste, reazionarie e autoritarie, xenofobe ed eurofobe si sono alleate intorno alla famiglia politica dei Conservatori, presieduta da Giorgia Meloni, e poi a quella neo-costituita dei Patrioti, dove sono confluiti Orbán, Le Pen, Abascal, Salvini. Alla vigilia delle elezioni europee dell'8-9 giugno scorso, si temeva che questa onda avrebbe rotto gli argini, sommergendo l'Unione e cambiandone ancora una volta il corso. Nonostante i sondaggi più allarmanti e le previsioni più fosche, alla fine non è andata così. Benché le destre siano cresciute ancora in Italia, in Francia, in Germania, la maggioranza delle forze che cinque anni fa elessero Ursula von der Leyen alla guida della Commissione – cioè popolari, socialisti e liberali – ha prevalso anche stavolta. Io penso che la gestione von der Leyen sia stata largamente insufficiente e insoddisfacente, ma credo anche che aver fermato il cartello dei partiti sovranisti e in qualche caso persino neonazifascisti sia stata una manna piovuta dal cielo. Lei come la vede?

Sostengo una tesi molto semplice. Lo scenario di fondo non è cambiato: più o meno, siamo fermi a cinque anni fa. Sì, certo, c'è stato qualche piccolo spostamento negli equilibri interni alla maggioranza, con i popolari che hanno guadagnato nove seggi, i socialisti che ne hanno persi due, i liberali ventidue. Ma grosso modo siamo lì. E la cosa non mi meraviglia. Devo dirle che prima del voto io non ero affatto convinto che le destre avrebbero sfondato. Proprio per niente. Da questo punto di vista, erano sbagliati i sondaggi. Prevedevo che il voto europeo non ci avrebbe portato granché di nuovo. E così è stato. Naturalmente questo risultato non vuol dire che ci sia da stare allegri. Al contrario. Ma siamo fermi al solito punto: anche gli equilibri della nuova assemblea di Strasburgo e le nomine ai vertici delle istituzioni europee – con la conferma di von der Leyen alla Commissione e di Metsola all'Europarlamento – non cambiano i termini del problema che resta sempre lo stesso: o l'Europa è in grado di fare grandi riforme e di prendere decisioni politiche forti, oppure è tutto inutile e l'anti-Europa prima o poi trionferà. Ma attenzione, l'anti-Europa non significa che l'Unione si scioglie perché, nonostante i populismi, oggi nessuno vuole uscire dall'Europa esistente. Al contrario tanti vogliono entrare.

Quelli che ci hanno provato se ne sono pentiti. Guardi il peso che ha avuto la delusione per la Brexit nella clamorosa vittoria dei laburisti di Starmer, dopo quattordici anni di dominio Tory...

Appunto. L'esperienza che hanno fatto è un grande insegnamento per tutti: uscire non conviene, chi esce ci rimette. Starmer ha vinto perché non ha fatto grandi promesse, se non quella di tirare fuori il Paese dal pantano. Ma mi colpisce che una delle sue prime decisioni sia stata quella di riaprire i colloqui con Bruxelles. A questo punto approfitto per aggiornare la mia scommessa: cinque anni fa dissi che la Gran Bretagna sarebbe rientrata entro vent'anni, oggi i venti sono diventati quindici.

Ma a parte la Gran Bretagna, lei dice, oggi il pericolo non è che altri escano, ma che quelli che restano non combinino niente. Capisco bene?

È questo il busillis. Il ventesimo anniversario dell'allargamento è stato per me una bella occasione per verificare come stanno i nuovi entrati. E stanno benone: tenore di vita, condizioni economiche, stimoli culturali, viaggi. La gente a tutto questo non rinuncia più. Per questo dico che nessuno esce. Ma il guaio è che ci si adagia sull'idea che l'Europa non possa essere più di questo: siamo al nostro massimo, è inutile intestardirsi per fare di più. Questa sarebbe la nostra condanna: diventeremmo, e saremmo percepiti, come un semplice spazio economico.

La maggioranza Ursula, riconfermata e ora allargata anche ai Verdi, è in grado di cambiare il corso delle cose?

Ho ascoltato il discorso di Ursula von der Leyen di fronte al Parlamento. È stato un discorso ecumenico, molto esteso e completo perché funzionale al raggiungimento di una maggioranza più ampia possibile. Vi sono elementi di innovazione, anche se manca il dettaglio delle tante cose da fare. Mi lascia invece perplesso la composizione della Commissione nella quale le deleghe e i poteri sono distribuiti in modo da creare sovrapposizioni ed equilibri indirizzati più a costruire continui compromessi che non un nuovo edificio europeo. Ora vi è invece l'obbligo politico, e direi persino morale, di mettere mano a questa nuova costruzione. Dobbiamo però porre ancora una volta in rilievo che grandi proposte, comprese quelle molto interessanti del Rapporto di Letta e di Draghi, possono tradursi in realtà solo a condizione che si tolga il diritto di veto o che si proceda con un'Europa a più velocità. Nell'Unione a ventisette, il diritto di veto consente a ogni nano di sentirsi un gigante. Se non si estirpa questo cancro dall'organismo europeo, continuiamo solo a parlarci addosso. E non solo l'Ungheria, ma altri Paesi compresa, purtroppo, l'Italia non hanno nessuna intenzione di rinunciare a questo nefasto potere.

Di abolire il voto all'unanimità in Consiglio europeo parlano in tanti e da tanto tempo. Poi non si sblocca niente.

Esatto. Perciò sostengo che con questo andazzo non vincono i sovranisti, ma trionfano quelli che io chiamo i «congelatori». Ora, sul voto all'unanimità c'è anche chi dice: non aboliamolo, limitiamoci a condizionare il diritto di veto non più alla volontà di un singolo Paese, ma a quella di tre. Questo ne diminuirebbe di molto la forza «frenante» perché, nell'ottanta per cento dei casi, chi esercita il diritto di veto lo fa per ottenere qualcos'altro in cambio: si pone il veto sulla legge che vieta le matite blu perché si vuole il formaggio rosa. Se il veto lo possono esercitare non più uno, ma tre Paesi, combinare gli interessi diventa più difficile e quindi quel diritto perde una qualche efficacia. Tuttavia il problema, anche se attenuato, rimarrebbe.

E allora? Non la convince, questa proposta?

Per carità, sono un sincero riformista e capisco che nella vita il poco è meglio del niente. Come si dice nella dotta Bologna: «Piuttosto che niente è meglio piuttosto». Ma resto convinto che questi siano pannicelli caldi, che finirebbero solo per confermare la debolezza europea. L'Unione è complicata, è una costruzione in continuo divenire. Ma proprio per questo, con regole chiare e comprensibili, bisogna obbligare tutti i Paesi che ne fanno parte ad adeguarsi a un sistema democratico progressivo e normale. Se non facciamo questo, come possiamo pretendere che le nuove generazioni si appassionino davvero all'Europa? Siamo onesti: non ci si può appassionare ai compromessi.

È la grande lezione che ci spiegò David Sassoli, in uno dei suoi ultimi, bellissimi discorsi: «Non ci può essere un Next Generation EU *senza un European Dream».*

Aveva ragione da vendere, il buon David. Questa Europa, così com'è oggi, non fa sognare nessuno.

Un nostro amico comune, Paolo Rumiz, grande intellettuale e grande giornalista, nel suo libro Verranno di notte *(Feltrinelli) scrive, testualmente: «Non so dire cosa sia peggio: l'identità dei sovranisti, che si riduce a pura discendenza razziale e reclama che la Terra debba appartenere solo a quelli che l'hanno occupata per primi, oppure la rimozione del problema identitario da parte dei partiti "politicamente corretti"». Poi senta qua, sull'Europa di von der Leyen: «L'Europa dei popoli [...] non ne può più di quella donna, che [...] "incarna ormai un'Europa opportunista e cangiante", capace di passare "dalla lotta contro i nazionalismi al tentativo di assorbirli nel sistema". C'è Frankenstein, nel Palazzo Berlaymont, dicono a Bruxelles. La Commissione, da strumento di consenso democratico, è diventata un bunker dove governa la cieca obbedienza. [...] Ma chi è questa Ursula, così legata alle corporazioni agroindustriali già gonfie di contributi* UE, *che comincia il suo mandato con l'esaltazione del Green Deal e finisce con la sua demolizione [...]? Enigmatica Ursula, [...] che ascolta sempre meno i lavoratori e sempre più i grandi imprenditori [...]. A Bruxelles la chiamano "la presidente americana"». Devo dirle che, a leggere tutto d'un fiato Rumiz, i dubbi diventano angoscia, anche sulla nuova fase che si apre. Sarà davvero così «nuova»?*

Torniamo sempre al nocciolo della questione. I dubbi di Rumiz sono tutti fondati, ma adesso, davvero, «*hic Rhodus, hic salta*». O si cambia, o si tira a campare, che in fondo è un po' morire. Servono capacità d'azione e serve autonomia dagli imperi. Torno anche qui a un concetto di cui abbiamo già parlato e che Rumiz traduce con «la presidente americana». Io capisco che i Paesi dell'Est, i baltici e i polacchi soprattutto, siano convinti che solo gli Stati Uniti ci possano difendere. Non possiamo però continuare a comprare l'ottanta per cento degli armamenti dall'America. L'amicizia è amicizia, ma, se è sincera, non è subordinazione. Noi spendiamo per la difesa almeno quanto spende la Cina. Ma allora perché gli americani considerano quella una grande potenza mondiale, mentre trattano l'Europa come il giardinetto di casa? Nessuno deve piegarsi alle logiche imperiali, da qualsiasi direzione esse provengano. Aggiungo che gli Stati Uniti – come del resto la Russia – non riconoscono il tribunale dell'Aia e non mandano truppe di pace all'ONU. Il movente psico-politico e geostrategico è sempre lo stesso: siamo impero e un impero non serve nessuno. Noi non abbiamo questa mentalità. Ed è un grande vantaggio. È in virtù di questo nostro pluralismo e di questo nostro pragmatismo che siamo riusciti a trovare regole di convivenza: sul tribunale dei diritti dell'uomo, sulla pena di morte, sull'ambiente, sull'intelligenza artificiale. Ma se eccediamo in pluralismo e l'Unione diventa disunione, se insistiamo troppo nella ricerca delle regole condivise da tutti, alla fine sa cosa succede?.

Cosa succede?

Che noi scriviamo il menù, e l'America e la Cina si siedono a tavola a mangiare.

Dobbiamo occuparci ancora un po' del voto europeo. In Francia è successo qualcosa di clamoroso. Dopo l'ulteriore scatto in avanti di Marine Le Pen, c'è stato il «coup de theatre» di Macron, che ha sciolto il Parlamento e ha indetto nuove elezioni. In molti l'hanno criticato, per questo azzardo pazzesco. Ma alla fine è successo l'impensabile, dopo un primo turno che aveva lasciato sul terreno un solo dubbio – e cioè con quanto margine il Rassemblement National avrebbe conquistato la maggioranza assoluta dei seggi – al ballottaggio c'è stato il grande ribaltone. L'alleanza di tutte le forze democratiche riunite in questa specie di Fronte repubblicano ha vinto le elezioni. L'assalto finale di Le Pen è stato scongiurato. Alla fine l'ennesima, pazza grandeur macroniana ha pagato?

Sarei più cauto. Macron ha giocato d'azzardo, e gli è andata bene. Ha evitato la tragedia, ma adesso la Francia è nel caos e c'è un Parlamento più confuso e rissoso di prima. Io penso che, ancora una volta, abbia agito in lui lo stesso riflesso condizionato che lo spinge a mandare i suoi soldati sulla terra stessa di Ucraina, anche se i soldati disposti ad andare non li ha. Lui ha sempre in testa che la Francia e lui stesso siano il *defensor civitatis*. In questo caso ha applicato questa idea al suo ruolo di leader nazionale: passare alla storia come il presidente che ha fermato i barbari e ha salvato la democrazia francese.

Molto «jupitérien», come disse lui di se stesso all'inizio del mandato.

Certo, lui è quella cosa lì. Attenzione però: ha fermato i barbari per un po', ma il suo esercito è debole. Anzi debolissimo, e aggiungo che, con l'incarico di primo ministro a Michel Barnier, ha sostanzialmente chiesto il voto ai barbari stessi.

D'accordo, ma a prescindere dalle sue manie di grandezza, quello che mi sembra importante nel voto francese è che, dopo tanta rassegnazione e tanta apatia, c'è un'opinione pubblica che si è risvegliata e si è mobilitata. È andata a votare, e questo ha cambiato un risultato che sembrava scontato. Non è un messaggio importante, per le democrazie apatiche e sfibrate nelle quali viviamo?

Sì, lo è. Lo ammetto, io stesso non mi aspettavo proprio che tra il primo e il secondo turno potesse verificarsi questo ribaltone. Ma in fondo questo capovolgimento riflette ancora una volta lo stesso stato d'animo dei cittadini europei di cui parlavo già prima: quando si arriva alla scelta binaria, sì o no a questa Europa, la gente vota sì. Con tutti i mal di pancia e i risentimenti, le preoccupazioni e le delusioni. Ma alla fine la democrazia resiste. E vince.

Parafrasando il Galileo Galilei di Bertolt Brecht, la democrazia è come la ragione: alla lunga, almeno in questa parte di mondo, gli uomini non sanno resisterle.

È una bella immagine. Ma, ancora una volta, non ci facciamo troppe illusioni. Se l'Europa non cambia, se non trova il modo di risolvere non solo il dramma degli ultimi, ma ormai quello dei «penultimi», cioè di quei milioni e milioni di capifamiglia monoreddito, che non arrivano alla fine del mese perché i salari sono bassi e il costo della vita è impazzito, allora l'onda nera che sommerge tutto è solo rimandata nel tempo. Ma arriverà, eccome se arriverà. E a quel punto, al posto dei congelatori, rischiamo di avere i distruttori.

È tanto vero, quello che dice, che se poi andiamo a guardare le singole leadership che hanno salvato la «maggioranza Ursula», abbiamo l'impressione di avere di fronte una piccola truppa di zombie, come l'ha definita il «New York Times». In Francia Macron è in minoranza, in Germania Scholz governa ma la SPD è ormai il terzo partito. E ovunque i liberali non è che se la passino così bene. Che può fare von der Leyen, con una coalizione del genere?

Può e deve fare solo una cosa: cambiare i Trattati. L'ha accennato, nel suo discorso in Parlamento. Ora la domanda per i prossimi cinque anni è la seguente: cara Ursula, sei disposta a morire per questo?

Caspita. Lei la vede disposta?

Lo dico con tutta la cautela: io non la auspico, ma penso che se continuiamo così, arriverà una nuova crisi, una situazione drammatica che porrà l'Unione di fronte all'ennesima alternativa: sì o no? Allora, forse, anche von der Leyen troverebbe il coraggio che finora le è mancato.

Lei è ancora convinto che l'Europa giri solo se gira il motore franco-tedesco?

Ovviamente sì. Francesi e tedeschi hanno un sacco di problemi, non bastano più a se stessi e non bastano più neanche se si ricompattano. Ma al posto di guida ci sono loro, il volante è sempre nelle loro mani. Sento in giro qualche matto che dice: la nuova macchina dell'Europa la devono muovere gli italiani, gli spagnoli, i portoghesi, i polacchi. Mi fanno morire dalle risate.

Ecco, ci resta giusto da dire qualcosa proprio sull'Italia, e sulla scelta dissennata, per non dire suicida, di Meloni. Dopo mesi e mesi di corrispondenza d'amorosi sensi con von der Leyen, visite congiunte a Lampedusa tra i migranti o in Emilia-Romagna tra gli alluvionati, Giorgia ha improvvisamente voltato le spalle a Ursula. Dopo essersi astenuta in Consiglio europeo, ha deciso di votarle contro in Parlamento. Lei se l'aspettava, intanto?

Proprio no. Glielo confesso: ero convinto al cento per cento che Meloni avrebbe votato von der Leyen. Per un anno intero ha coltivato ottime relazioni con la presidente uscente, ha costruito un rapporto personale e preferenziale. Davo quasi per scontato che il suo obiettivo fosse quello di entrare a far parte della «maggioranza Ursula». E che risolvesse così quello che ho sempre considerato il vulnus più evidente della sua linea politica. L'essere «ambidestra», camminare sempre sul filo evitando ogni volta di scivolare o nel fronte delle ultradestre estremiste e radicali o in quello delle destre centriste e moderate. Alla fine ha prevalso il richiamo della foresta. Ha scelto di cadere nell'unico campo dal quale non potrà mai uscire, per ragioni culturali ed elettorali. Quello dell'ultradestra, in competizione con Salvini.

Io ho sintetizzato la sua scelta applicandole il principio che un tempo vigeva a sinistra: «pas d'ennemi à droite», cioè nessun nemico a destra.

Perfetto. È esattamente quello. Lei non può permettersi di rompere con i suoi mondi, e non può permettere che la Lega o chiunque altro, fosse pure Vannacci, glieli vada a insidiare. Avrebbe potuto imboccare l'autostrada che le si era aperta al centro, scegliendo le istituzioni invece delle radicalizzazioni e lasciando le posizioni estreme alle formazioni fasciste, nostalgiche e minoritarie. Ha preferito non «tradire l'idea», come amano dire da quelle parti. A suo modo, ha compiuto un'utile operazione-verità: ora sappiamo per certo che Fratelli d'Italia non diventerà mai né una Democrazia Cristiana, né una Forza Italia.

Un'altra chiave di lettura di cui si è parlato sono le elezioni americane. Con Salvini e l'intero nuovo gruppo dei «Patrioti per l'Europa» apertamente schierati con Trump, lei – già immortalata e «mascariata» nella famosa foto alla Casa Bianca con Joe Biden che la bacia sulla fronte – ha cercato di riaccreditarsi su «the Donald», rompendo con Bruxelles e rientrando nell'internazionale sovranista cara dal 2016 a Steve Bannon.

È un'interpretazione molto raffinata. Ma non credo sia stato quello il movente. Anche se il riposizionamento su Trump c'è stato eccome nei mesi successivi al voto europeo. Basti pensare a una sua nota intervista nella quale la premier dice testualmente: «Tutti sanno che sono presidente dei Conservatori europei, e che tra i partiti esterni all'Europa che aderiscono ai conservatori ci sono anche i repubblicani americani, quindi le mie preferenze sono note». Un modo furbetto per mettere le mani avanti.

Come che sia, è caduto l'equivoco, sul fronte interno e sul fronte internazionale. Come ai tempi del PCI *esisteva in Italia il «Fattore K», oggi in Europa su Fratelli d'Italia esiste un «Fattore D», che rende quel partito non compatibile con quelle «forze democratiche» che proprio von der Leyen ha evocato e ringraziato dopo la rielezione. Ora per questa «operazione-verità» di Meloni, il Paese rischia di pagarla cara o no?*

Ovviamente sì. La questione non è avere un commissario abbastanza importante, siamo pur sempre l'Italia, il terzo Paese d'Europa, con cinquantotto milioni di abitanti. Un commissario lo abbiamo avuto anche stavolta, con le stesse deleghe che aveva in precedenza il commissario del Portogallo, che certo non è il terzo Paese d'Europa. Quanto al titolo di vicepresidente, di cui ci si è fatti tanto vanto, è noto che non ha mai avuto alcuna importanza concreta. Debbo aggiungere che io stesso non ricordo i nomi dei vicepresidenti della Commissione precedente e della stessa Commissione da me presieduta. Aggiungiamo inoltre che i vicepresidenti sono passati da tre a sei: forse anche questi vittime dell'inflazione. Il vero problema è come da ora in poi ti guarderanno i partner. Credo che all'inizio von der Leyen avesse creduto nella metamorfosi meloniana, suffragata dai tanti complimenti nei vertici europei e dai tanti incontri in Italia. Poi c'è stata la partecipazione della premier all'ultima convention preelettorale di Vox, dove Meloni in video ha rispolverato il vecchio armamentario ideologico, giusto un filo più misurato. Ma quella, secondo me, è stata la prova che, nonostante tutti gli sforzi, Meloni restava Meloni. Questo anche se, quasi per alleviare la ferita, Giorgia Meloni ha lanciato un ponte alla von der Leyen su un tema che mette tutti d'accordo: far vedere agli elettori che si trattano male gli emigranti tenendoli lontani dal suolo patrio, persino attraverso uno strumento tanto simbolico quanto crudele, come la detenzione albanese. Per von der Leyen, tuttavia, il voto contrario resta un tradimento, dopo quelle «settanta volte sette» che era venuta in

Italia a convincere Meloni a fare squadra in vista delle elezioni. A quel punto, anche lei ha preso atto della rottura, ha chiuso tutte le porte ai conservatori e ha aperto il dossier dei Verdi. Il resto lo sappiamo. Ora il punto è questo: contano soprattutto i rapporti personali e il modo in cui ti considerano e ti trattano le istituzioni europee e i capi di Stato e di governo che comandano nell'Unione.

Ebbene?

Ebbene, per ora è fuori.

Fuori da cosa?

Non dall'Unione, ovviamente. Ma è fuori da quello che potremmo definire «il club». Glielo dico per esperienza personale. La UE vive di regole, procedure, normative. I vertici istituzionali, le riunioni ufficiali riflettono ovviamente la *rule of law*. Ma poi c'è la quotidianità, ci sono i rapporti personali, ci sono gli incontri informali. Ecco, da ora in poi, quando i primi ministri si incontreranno al bar per bere un drink, e può capitare che proprio in quelle occasioni si prendano decisioni, Meloni non ci sarà. Prima c'era, ora no, perché di lei si fidano molto meno. E questo non è buono per l'Italia. La posta in gioco è alta: l'applicazione del nuovo Patto di stabilità, la procedura d'infrazione per deficit eccessivo, l'attuazione del PNRR, le politiche industriali. Non dico che ora ci puniranno. Ma può essersi affievolita quella predisposizione che spingeva le autorità europee a dire «cerchiamo di dare una mano all'Italia».

Professore, converrà che «il club», come lo chiama lei, dà proprio l'idea dell'élite, quella che i popoli europei detestano. Gliela riassumo con le parole di Luciano Canfora, nel suo Dizionario politico minimo *(Fazi Editore): «I nostri eurocrati mantengono formalmente in piedi tutto il carnevale elettorale e partitico: un modo per dissimulare una realtà in cui élite dominanti forti e molto preparate si eternano lasciando i cittadini liberi di mettere le mani su giocattoli innocui». Si sbaglia, Canfora?*

Capisco la sua riflessione. Ma gli organismi multilaterali vivono, come tutti gli organismi collettivi, anche di rapporti personali. La fiducia è tutto. E se governi uno Stato europeo, nel «club» ci devi essere, assolutamente!

Meloni avrà buon gioco a dire che a lei, l'underdog venuta su dal nulla, il «club» non interessa.

No, questo non lo può più dire. Dopo due anni che sei a Palazzo Chigi, hai occupato tutti i gangli del potere, hai colonizzato manu militari la RAI, la storiella dell'underdog non la beve più nessuno. Anche questo è un guaio, per lei. Si spaccia da *drop-out*, ma finora il suo governo non ha varato una sola norma di legge, una sola riforma, un solo cambiamento che alleggerisca le sofferenze di quel popolo che lei stessa dice di rappresentare.

SESTA PARTE

Viaggio nella piccola Italia

1

Da Berlusconi a Meloni: la lunga traversata nel deserto della destra tricolore

Professor Prodi, il viaggio è stato lungo, ma è ora di tornare a casa. Negli ultimi tre decenni, in Italia, abbiamo visto tutto e il contrario di tutto. Collassata la Prima repubblica sotto altre macerie, stavolta quelle di Tangentopoli, non abbiamo mai capito se è davvero cominciata la Seconda, se siamo entrati nella Terza, o se la nostra è solo una repubblica «preterintenzionale», secondo una felicissima formula inventata da Ilvo Diamanti. Abbiamo vissuto l'euforia maggioritaria con i referendum Segni, abbiamo conosciuto un bipolarismo muscolare in cui due governi presieduti da lei si sono alternati con tre governi guidati da Berlusconi. Abbiamo ingoiato tre esecutivi tecnici, Dini, Monti e Draghi, e digerito inciuci, ammucchiate e maggioranze spurie, gialloverdi e giallorosse. Dopo le sbornie di monocolori democristiani e pentapartiti e le indigestioni di partitocrazia, abbiamo gioito per il ritorno di destra e sinistra, ma presto ne abbiamo celebrato il tramonto, abbagliati dall'avvento del turbo-populismo grillino, dalla crociata contro la Casta e dall'«uno vale uno». Ora, dopo averle sperimentate tutte, siamo all'ultimo salto mortale: il governo di Giorgia Meloni, che ha portato a Palazzo Chigi una forza politica ere-

de di Alleanza Nazionale, ma figlia del Movimento sociale e nipote del Partito nazionale fascista. Il «polo escluso» di cui scrisse negli anni Ottanta Piero Ignazi. La destra meloniana, sul cui simbolo arde ancora la fiamma eterna, ha preso il testimone della destra berlusconiana. Io vedo una certa continuità, in questo passaggio. Buona parte della semina del Cavaliere, mi pare, sta dando i suoi frutti.

Seguo il suo ragionamento, ma sull'ultimo punto non sono d'accordo. A me pare che tra la destra di Berlusconi e quella di Meloni ci siano grandi differenze. Il primo accarezzava i vizi del Paese, la seconda introduce in Italia un'interpretazione autoritaria della politica.

Anomale entrambe, per motivi diversi. Ma Silvio è vivo, e lotta insieme a noi.

Berlusconi non morirà mai, in questo Paese. Sopravvive a se stesso, perché ha assecondato e sfruttato il processo che stava cambiando per sempre l'Italia. In peggio, ovviamente. Ha stravolto tutto, i linguaggi, i valori, il costume, la politica. Io ricordo che nell'anno della discesa in campo la cosa che mi colpì subito furono i primi grandi manifesti sei per sei. Facevano leva sull'inconscio, sulla psiche profonda, sugli impulsi più basici, istintivi e deleteri del Paese e per il Paese. E attenzione, al contrario di quello che molti pensano, non erano gli spiriti animali di Schumpeter, non erano il thatcherismo e il reaganismo, perché l'individualismo capitalistico fa pur sempre leva su un sistema di regole. No, lui dietro questa immagine di uomo nuovo, uomo del fare, capace di produrre emozioni e di parlare alla pancia del Paese, in realtà solleticava lo spirito tendenzialmente anarcoide dell'Arcitaliano. Tant'è vero che, quando ci furono le prime elezioni del 1994, io vinsi la scommessa con un mio amico. «Vincerà lui – gli dissi – è portatore di un messaggio troppo dirompente e seducente, in questa Italia». E così fu, ma anche in quell'occasione mise a frutto la scomposizione del precedente assetto partitico e barando al gioco del maggioritario, almeno nel primo passaggio e per un solo momento, incollò abilmente storie tra loro profondamente opposte.

Ma lei lo conosceva già, prima del leggendario «L'Italia è il Paese che amo» con il quale il 26 gennaio 1994 aprì il videomessaggio trasmesso dalle telecamere piazzate nel giardino di villa Macherio?

Ho un ricordo lontano, degli anni Ottanta: una riunione indetta dall'allora ministro dell'Industria Giovanni Marcora, organizzata dalla DC di Milano, nel corso della quale Berlusconi presentò il progetto Milano Due. Mi colpì moltissimo la sua attitudine al marketing: dopo venti secondi che parlavi con lui, la sensazione era che ti stesse dicendo «tu sei l'uomo più importante del mondo».

La letteratura su Berlusconi è ormai sconfinata. Diciamo che prese i vizi italiani, e senza alcun giudizio morale li fece suoi, li eresse a sistema e li introiettò nella Costituzione materiale del Paese.

Esattamente. Eresse quei vizi a sistema e io la trovai un'operazione di impressionante efficacia. E trovai che il mix tra questi ingredienti – la forza titanica della sua sconfinata ricchezza e l'abuso spregiudicato dei mass media – l'avrebbe portato alla vittoria. Naturalmente la vittoria fu possibile anche perché il Cavaliere costruiva su un campo di Agramante, cioè sul terreno desertificato dei partiti azzerati da Mani Pulite. Lui fece il capolavoro: una ricomposizione verso il basso di tutto il sistema politico italiano. Ed è questo che è rimasto, e che resiste anche alla sua scomparsa.

In questo caso, ricorro sempre alla parafrasi di Piero Gobetti: alla fine, come il fascismo, anche il berlusconismo è stata un'autobiografia della nazione.

Sì, anche qui con molte differenze. Mussolini partiva dall'idea di organizzare il regime dall'alto, di imporlo con la violenza, di prendere il potere con i manipoli e con un partito strutturato. Berlusconi, da venditore-imbonitore, spacciava agli italiani il paradiso in terra, e glielo smerciava gratis grazie a un apparato mediatico impressionante. Non a caso, nella sconfitta del 1996, lui non si rese conto di cosa stava per succedere. Non mi prese sul serio, non si preoccupò di un matto che, insieme a pochi fedelissimi, salì su un vecchio autobus dell'Iveco riadattato a pullman, comprato per venti milioni di vecchie lire da una ditta di Assisi specializzata in pellegrinaggi.

Potremmo dire che non la videro arrivare...

Proprio non mi vide. L'hanno raccontato i suoi collaboratori: in campagna elettorale, quando parlavano di noi, lui e il suo cerchio magico ci snobbavano ridendo. E non avevano neanche tutti i torti a farlo: di fronte a una corazzata come il partito-azienda, di fronte alla mostruosa rete Forza Italia-Publitalia, cosa potevano fare un autobus scassato e il suo autista senza soldi? Detto questo, il Cavaliere riuscì nella sua «impresa» anche perché introdusse nella politica italiana due categorie fino ad allora sconosciute. La prima categoria era la paura del comunismo, che lui inventò dal nulla e che impose come grande minaccia democratica. Un'altra balla spaziale, in un Paese in cui i comunisti non avevano mai governato e in ogni caso non esistevano più già da cinque anni. La seconda categoria era l'antipolitica, il messaggio del presidente-imprenditore estraneo al «teatrino della politica» e nemico dei «professionisti della politica». Un'altra frottola colossale, perché in realtà lui e il suo gruppo dirigente dentro la politica ci stavano e c'erano sempre stati dentro fino al collo. Muovendo da questo immaginario simbolico, posticcio ma potente, ha poi aggiunto tutto il resto: la promessa fantasiosa della «rivoluzione liberale», che poggiava proprio sullo spauracchio dei comunisti che la libertà l'avrebbero abolita, un patriottismo di basso livello che non aveva nulla a che vedere con il Risorgimento e la Costituzione, e poi gli slogan a effetto, dal «meno tasse per tutti» al «lavoriamo metà anno per lo Stato», dal «milione di posti di lavoro» al «non metteremo le mani nelle tasche degli italiani». Questo era il Vangelo di Berlusconi. Non aveva bisogno di nient'altro. Il nemico e il richiamo all'antistato e all'anarchia, già esistente nel subconscio del Paese. Una miscela esplosiva, anche se distruttiva.

Per questo parlavo di continuità tra la destra berlusconiana e quella meloniana. Fermo restando che la «matrice» è diversa, tuttavia sono due formazioni politiche del tutto anomale rispetto alle destre storiche europee. Berlusconi non ha niente a che vedere con le destre liberal-liberiste einaudiane o anglo-americane, e Meloni non ha nulla a che spartire con le destre conservatrici, visto che lei viene dal PNF *e dal* MSI, *mentre nelle altre grandi democrazie d'Europa i leader che hanno fondato o guidato le destre repubblicane e costituzionali, come Churchill o de Gaulle, sono gli stessi che hanno fatto la Resistenza contro il nazifascismo. E poi, l'altro elemento di continuità che vedo è il populismo: in fondo il Cavaliere è il capo carismatico, l'uomo solo al comando, l'Unto del Signore che – mescolando il leaderismo di Benito Mussolini con il qualunquismo di Guglielmo Giannini e frullandoli nello scintillante diorama delle sue televisioni – ha aperto il ciclo populista in Italia, in Europa e persino nel mondo. Lei che ne pensa?*

Certo, interpretò e sfruttò le esistenti debolezze di un popolo e fece del rapporto diretto con il medesimo la sua cifra politica. Però il populismo berlusconiano, a differenza di quelli che altrove lo precedettero e in Italia gli sono succeduti, non investiva sull'odio del popolo contro le élite e le classi dirigenti, contro le autorità costituite e le nomenklature. Tutto questo arriverà più tardi, con i Cinque Stelle e i «vaffa» di Beppe Grillo. Il Cavaliere era diverso, Forza Italia non fu un partito populista in senso classico. Nel suo *inner circle* prese Gianni Letta e Giulio Tremonti, Giuliano Ferrara e Giuliano Urbani. Non stava attaccando l'establishment, ma prendeva pezzi di alta borghesia e li incardinava nella sua struttura di potere. Da questo punto di vista, non ho alcun dubbio: considero molto più populista Giorgia Meloni, che ha portato a Palazzo Chigi gente che non ha mai gestito niente. Infine Berlusconi non ha mai manifestato gli atteggiamenti antieuropei, tanto da sedersi nelle file dei popolari. Giorgia Meloni ha fatto l'opposto.

Prima di arrivare all'underdog, restiamo ancora sul Cavaliere. Lei considera totalmente negativo il suo lascito politico?

Molto. Ha spaccato l'Italia. Ha diviso tutti. Ha fatto ogni sforzo per dividere il mondo cattolico, costruendo un asse con la CEI che ha lacerato per lungo tempo i cattolici, tentando di emarginare coloro che non aderivano alla sua forza politica. Non dimentichiamo che il Family Day è stato organizzato come un atto contro il mio governo e che i valori religiosi sono stati strumentalizzati in vista di un disegno politico. In parallelo la mia ovvia affermazione che il cattolicesimo deve essere vissuto in modo adulto, un concetto fondamentale e condiviso nei miei anni trascorsi all'Università Cattolica e persino nell'intenso rapporto giovanile con lo stesso Camillo Ruini, è stata trasformata in una pericolosa eresia. Tutto questo nonostante io abbia sempre opposto a Berlusconi solo un irriducibile antagonismo politico, senza entrare mai nella sfera etico-morale.

Ma vi parlavate, in privato?

Poco. Mi ricordo una cena, qualche settimana dopo la vittoria dell'Ulivo del 21 aprile 1996, a casa di una comune conoscenza romana a piazza della Pigna. Da un lato del tavolo c'eravamo io e Arturo Parisi, dall'altro lui e Gianni Letta. Era un ideale passaggio delle consegne, non con il premier uscente, che era Lamberto Dini, ma con il leader della coalizione a noi contrapposta. Fu un incontro lungo, e anche garbato nei toni. Silvio esordì dicendomi: «Caro Romano, hai voluto la bicicletta, ora pedala». Letta smussò gli angoli e si sforzò di inquadrare il confronto nella logica dell'alternanza maggioritaria. Era la fisiologia democratica, che noi ci preoccupavamo di garantire. Non a caso la scheda numero uno dell'Ulivo recitava testualmente «Un patto da scrivere insieme». Anche nei momenti di scontro più duro, non volevamo perdere l'idea di un percorso di riforme condivise. La stessa Bicamerale di D'Alema e Salvi nacque con questo spirito, anche se poi sappiamo bene come finì.

Ha più rivisto il Cavaliere, negli ultimi anni prima della sua scomparsa?

L'ultima volta è stato a San Siro, un Milan-Bologna di due anni fa. Finì uno a uno, e lo salutai dicendogli «Silvio, non sei riuscito a vincere neanche stavolta». La sua scomparsa, umanamente, mi è dispiaciuta. Ma come stiamo vedendo, e come dicevo prima, il Cavaliere in fondo non muore mai. Gli hanno dedicato un francobollo e il suo nome è ancora nel simbolo del partito!

Poi ci si mette pure Salvini, che gli dedica l'aeroporto di Malpensa…

Ecco, quello magari me lo sarei risparmiato. Se pensa che l'aeroporto di Roma è dedicato a Leonardo da Vinci, quello di Genova a Cristoforo Colombo, quello di Pisa a Galileo Galilei, quello di Venezia a Marco Polo e quello di Palermo a Falcone e Borsellino, forse «Berlusconi Malpensa» si poteva evitare.

2

Giorgia, l'underdog che ha sdoganato la destra postfascista

Siamo a Meloni, finalmente. Quando prima le dicevo che vedo continuità tra lei e Berlusconi non è tanto e non è solo per quel filo nero di populismo che li unisce. Intanto, la donna che oggi ci sembra sola al comando tra l'8 maggio 2008 e il 16 novembre 2011 è stata ministra della Gioventù nell'ultimo governo del Cavaliere. Ma poi, soprattutto, oggi sembra volersi intestare le campagne ideologiche che Berlusconi non riuscì a portare a termine. Pensiamo solo alle tre pseudoriforme del governo Meloni. L'elezione diretta del presidente del Consiglio all'esame del Parlamento ricalca il premierato forte previsto dalla riforma costituzionale della Casa delle Libertà bocciata nel referendum del 25 giugno 2006. L'autonomia differenziata già approvata dalle Camere riprende in modo quasi pedissequo la «devolution» che Bossi volle nella stessa riforma del 2006. Il «pacchetto giustizia» del guardasigilli Carlo Nordio – tra l'abolizione dell'abuso d'ufficio e l'annacquamento del traffico di influenze, la separazione delle carriere tra giudici e PM *e il nuovo* CSM *che valuterà le toghe, la tagliola sulle intercettazioni e il bavaglio all'informazione – sembra copiato dai disegni di legge di*

Castelli e di Ghedini. Le vede, tutte queste assonanze, o sono io che ho le traveggole?

Vedo pure io l'avvicinamento strumentale di Giorgia Meloni al berlusconismo in molti aspetti della politica interna, anche perché lo ha reso necessario la coalizione di governo con Forza Italia. Sul fronte della politica estera è stata ancora più rapida nel cambiare la sua politica nei confronti degli Stati Uniti, aderendo perfettamente alla linea che fu di Berlusconi. Ha rapidamente abbandonato la tradizionale distanza del suo partito nei confronti dell'America e, con una totale obbedienza alla Casa Bianca, ha messo in sicurezza il governo. Con la stessa intensità con cui i Paesi comunisti erano fedeli all'Unione Sovietica, lei lo è agli Stati Uniti. Una scelta di realpolitik perché, per tradizione, la destra missina dalla quale lei proviene e ancora appartiene è stata sempre fortemente antiamericana. Almeno su questo, Meloni ha rotto con il suo passato. E come ho potuto verificare nel mio ultimo viaggio a Washington, l'establishment americano adora Giorgia. Anche quello democratico, sia chiaro: del resto quel bacio sulla fronte di Biden parla da solo. Ha posto così il primo paletto della sua sicurezza.

Potremmo definirla la «polacchizzazione» della politica estera italiana? Cioè un iperatlantismo fanatico, senza sposare i valori dell'Occidente.

Analisi perfetta. Il modello polacco e il modello italiano della Meloni stanno benissimo all'amico americano: più fedele di Meloni non c'è nessuno. Questo sia per i democratici che per i repubblicani, anche se con maggior intensità presso i repubblicani. Tanto è vero che alcuni osservatori politici pensano che, approfittando della profonda crisi in cui si trovano Francia e Germania, il disegno di Giorgia Meloni sia quello di diventare il primo referente europeo degli Stati Uniti. Nel caso si troverà proprio in diretta concorrenza con il governo polacco. Resta da capire come questo disegno sia compatibile con la partecipazione alle iniziative dell'estrema destra dei neofranchisti di Vox. Sappiamo che questa ambivalenza è frutto dell'eredità politica di cui non si è ancora liberata e dalla quale, forse, non può e non vuole liberarsi.

E il secondo paletto che la mette al riparo da rischi quale sarebbe?

È aver piazzato Giancarlo Giorgetti a guidare il ministero dell'Economia e il conseguente necessario rapporto con la Commissione europea. Lui è un personaggio singolare. Quando è a Bruxelles, parla l'economista Giorgetti. Quando è in Italia, parla Giancarlo, ministro della Lega. Sono forzatamente due persone diverse, sia per ciò che dicono, sia per come lo dicono. Forse dovrebbe giocare in campo neutro e fermarsi in Svizzera. Una via di mezzo alla quale si è certamente avvicinato con la manovra 2025.

Però il governo Meloni non è solo questo.

Ha ragione. C'è tutto il resto, cioè l'occupazione sistematica del potere, il controllo del Paese in ogni suo anfratto istituzionale, culturale, economico. Le nomine nelle partecipate, la militarizzazione della RAI, lo spoils system negli enti lirici, nei teatri, nelle fiere del libro, dalla Biennale di Venezia alla Buchmesse di Francoforte.

Professore, la risposta più scontata è che l'hanno fatto tutti, prima di Giorgia.

L'obiezione è vera solo in parte. A questi livelli, onestamente, non si era mai spinto nessuno. C'è forse una spiegazione: esclusi per decenni dalle molte sale da pranzo del «sistema», per scelta propria o altrui, oggi hanno una fame inesauribile. E non la nascondono, ma ormai sono vicini all'indigestione.

È la parabola dell'underdog, la svantaggiata che ce l'ha fatta, e dei suoi Fratelli ex missini, figli del tempo in cui nelle piazze si gridava «fascisti carogne tornate nelle fogne». Altra conventio ad excludendum di cui quei militanti neri, Meloni compresa, andavano fieri. Oggi è diventata pure quella una storia da raccontare e quasi da rivendicare: il Ventennio, il Movimento sociale, il Fronte della gioventù, e persino le schegge impazzite e stragiste del FUAN, di Ordine Nuovo, di Avanguardia Nazionale, da assolvere pure quelle. La dico così, parafrasando una formula che Piercamillo Davigo usò per i corrotti del dopo-Tangentopoli: non hanno smesso di essere fascisti, hanno solo smesso di vergognarsene.

Sì e no. Nel senso che una punta di orgoglio per quel passato torbido c'è, e si vede. Ma poi, qua e là, affiora anche il tentativo di nasconderlo. Io mi riconosco e mi identifico fino in fondo con il valore fondante dell'antifascismo, sul quale abbiamo costruito la Repubblica e scritto la Costituzione e del quale dobbiamo andare fieri. Nella discussione politica, tuttavia, pur sentendomi profondamente antifascista, io uso con parsimonia l'interdetto politico dell'eredità neofascista. Non perché non veda le tracce di quel passato, in Meloni e in tutte le destre con le quali si allea in Europa, soprattutto quando si lascia prendere dalla rabbia. Si vede a occhio nudo persino dalla prossemica, dalla sua gestualità, che è una leader autoritaria mossa da principi autoritari, così come sono e si comportano i suoi «camerati» sparsi per l'Unione. Penso infatti che troppo spesso la polemica sul fascismo e sull'antifascismo finisca per essere usata, proprio dalla maggioranza e dalle sue bocche di fuoco mediatico, come alibi per non parlare dei veri problemi del Paese e delle pessime soluzioni che il governo sta adottando per risolverli.

Questo è verissimo. Dopodiché, professore, non si può neanche tacere su ciò che vediamo dire e fare dalle massime cariche istituzionali del Paese. Quando le date storiche che hanno segnato il nostro cammino verso la riconquista della libertà, dal 25 aprile al 2 giugno, vengono manipolate e snaturate per veicolare altri messaggi farneticanti «contro tutte le dittature». Quando nel ricordo degli orrori del Ventennio si alternano formule imbarazzanti, tipo «Mussolini ha fatto anche cose buone», e letture fuorvianti tipo «le leggi razziali volute dal nazismo». Quando persino nelle stragi nere degli anni Settanta e Ottanta, da piazza Fontana alla stazione di Bologna, si continuano ad azzardare depistaggi per coprire le responsabilità del terrorismo neofascista con le pezze a colori delle piste palestinesi. Come si fa a fischiettare, di fronte a questi oltraggi alla Storia e alla memoria di un Paese che ha visto scorrere fiumi di sangue innocente?

Tutto quello che lei dice è sacrosanto, e non si può tacere. Partendo però sempre da un presupposto: oggi il tema non è il ritorno del fascismo e le camicie nere in marcia su Roma. Questo non è consentito a nessuno, nell'Europa di oggi e, anche solo per questo, bisognerebbe essere contenti di farne parte. Il problema è un altro, e cioè «l'orbanizzazione» dell'Occidente. Il venire avanti, adagio adagio, in tutti gli aspetti della vita politica, non solo in Italia, ma anche in diversi Stati membri dell'Unione, di un altro format, quello delle democrazie progressivamente illiberali. Meloni riflette esattamente questa tendenza: lei non può reinventare il fascismo, ma partecipa attivamente alla costruzione di questo nuovo quadro che limita l'autonomia delle istituzioni e comprime gli spazi del dissenso. È questo che va denunciato con tutta la determinazione di cui siamo capaci. Non basta però proclamarsi antifascisti: bisogna calare il proclama sui contenuti dell'oggi. Questo comporta l'urgente dovere di dare corpo alla nostra indignazione con una proposta politica alternativa, fondata su robuste basi democratiche.

Resta da capire come ha fatto la «capa» di un partito che nel 2013 aveva il due per cento dei consensi a diventare nove anni dopo presidente del Consiglio raggiungendo il 26,6 per cento dei voti. Non ce la caviamo prendendocela con gli elettori, o dicendo che gli italiani si sono bevuti il cervello, come talvolta è capitato di dire a certa sinistra un po' troppo snob.

Giusta osservazione. Bisogna, però, aggiungere che il sistema italiano è un po' questo. Come ha fatto Renzi a crollare dal quaranta per cento delle europee del 2015 al due per cento di oggi? Come ha fatto Salvini a scendere dal trentaquattro per cento delle europee del 2019 all'otto per cento di oggi? La direi così. Per un verso, Meloni è stata fortunata: dopo averle provate tutte negli ultimi quindici anni, gli italiani stremati hanno pensato «proviamo anche questa». Per un altro verso è stata abile: ha raccolto e rimesso insieme tutte le eredità sparse di Berlusconi, approfittando delle divisioni degli altri. E così ha vinto. Ma bisogna tenere conto che la politica moderna, e non solo in Italia, vive di parabole. Le leadership solitarie hanno una vita media che si sta paurosamente accorciando. E questo chi governa farebbe bene a considerarlo.

Be', in parte Meloni lo considera, visto che va alla battaglia sul referendum per l'elezione diretta del presidente del Consiglio dicendo «o la va o la spacca». Ma nel frattempo nei sondaggi il gradimento al suo governo continua a restare elevato. Poi parleremo delle riforme, ma intanto vorrei chiederle: come giudica le politiche meloniane, soprattutto dal punto di vista economico-sociale?

Ha scelto di fare quello che la gente gradisce nell'immediato. Cioè moneta sonante: poca, maledetta e subito. Sono questo i bonus detestati ma poi applicati, gli assegni unici, i tagli provvisori al cuneo fiscale. Le prebende per le singole corporazioni, dai tassisti ai balneari, sono questo. La Flat Tax per gli autonomi è questo. Non c'è una visione di politica economica nel lungo periodo. Non c'è un progetto per salvare il Welfare e la sanità pubblica, ormai ridotta allo stremo a vantaggio delle strutture private. Non c'è uno straccio di iniziativa per ridurre disuguaglianze e povertà, trattate anzi come una colpa sociale da espiare attraverso l'abolizione del reddito di cittadinanza, unico tentativo, anche se molto imperfetto, di diminuire i divari più estremi della società italiana. Non c'è un barlume di riforma fiscale degna di questo nome, nella quale la lotta all'evasione si accompagni a un'equa redistribuzione del reddito. Non c'è l'idea di un patto sociale attraverso il quale raggiungere una sintesi più avanzata tra gli interessi dei produttori e i bisogni dei lavoratori. Non c'è una proposta per aumentare i salari, vera vergogna italiana rispetto alle dinamiche retributive pluridecennali di Francia e Germania. E soprattutto non c'è una terapia credibile per curare la vera malattia atavica di questo Paese, che è la bassa produttività del sistema. Senza un aumento di produttività il nostro sistema finanziario non sarà mai in equilibrio. Devo continuare?

Può bastare. Stupisce però che Meloni, nata e cresciuta in quella che un tempo avremmo chiamato «destra sociale», sia così poco attenta ai problemi dei ceti più colpiti dalle crisi e dagli effetti perversi della globalizzazione.

Le destre moderne, come quelle di Meloni, hanno un problema culturale, nel senso che entrano nella stanza dei bottoni senza aver capito la nuova fase. Non hanno esperienza, hanno poca competenza e non hanno soprattutto una classe dirigente all'altezza delle sfide di questi tempi difficili. Ogni tanto fanno finta di ricordarsi di essere stati «destra sociale», e si riscoprono Robin Hood contro i capitalisti e contro i «poteri forti». E così, in pieno agosto, si inventano la stangata sugli extraprofitti delle banche, «turpi affamatrici dei popoli». Ma poi non riescono a metterla in atto e il provvedimento, nella manovra finanziaria 2025, si trasforma in un'«offerta libera». I dissidi della maggioranza impediscono a questo governo di avere una linea politica di lungo periodo.

Veniamo alle riforme, o alle pseudoriforme annunciate e varate dalla Sorella d'Italia. Partiamo da quella che la stessa Meloni ha definito «la madre di tutte le riforme», cioè il disegno di legge di revisione costituzionale che introduce nel nostro ordinamento l'elezione diretta del premier attraverso il voto popolare. A me sembra uno stravolgimento totale della Costituzione, che trasforma la democrazia rappresentativa in autocrazia elettiva. Cioè quella che Michele Ainis ha definito giustamente «capocrazia». Lei cosa ne pensa?

Cominciamo con il dire che il premierato riflette in maniera perfetta la visione della democrazia di questa destra. Prima nel metodo, poi anche nel merito. La cifra autoritaria è riconoscibile nella volontà di cambiare da soli, a colpi di maggioranza, la Costituzione che è il fondamento della casa di tutti. In evidente contrasto con lo spirito che guidò l'Assemblea costituente. Lo stesso spirito al quale c'eravamo invece ispirati noi quando intitolammo la scheda numero Uno del programma dell'Ulivo: «Un patto da scrivere insieme». Come tutti i nuovi cultori delle democrazie illiberali, la prima cosa che non accettano è il bilanciamento dei poteri. E dunque, come è già capitato a Orbán, la prima cosa che fanno è riscrivere le Costituzioni per eliminare i *check and balance*. In questo, l'azione della nostra premier è perfettamente coerente con il dispositivo autoritario che persegue. Pensano di poter porre un rimedio all'instabilità dei governi e alla frammentazione dei partiti con un drastico «raccorpamento della democrazia». Proprio per questo io sono contrario al premierato che, così come proposto, è una evidente espressione di autoritarismo. Attraverso una fonte di legittimazione «superiore» del presidente del Consiglio – cioè il voto diretto del popolo – quel sistema annulla il ruolo degli altri organi di garanzia, pensati dai costituenti e scritti nella Costituzione proprio per limitare lo strapotere del capo dell'esecutivo e della sua maggioranza. E, da questa riforma, a uscire svilito sarebbe innanzitutto il ruolo del Presidente della Repubblica. E poi verrebbe definitivamente umiliato il Parlamento che per me – che sono stato l'unico nella storia repubblicana a pretendere di essere sfiduciato due volte di fronte alle Camere – resta il centro e il cuore pulsante della democrazia. Il potere legislativo è già oggi ridotto a braccio armato dell'esecutivo. Con il premierato, il Parlamento diventerebbe definitivamente «votificio» non più solo dal punto di vista materiale – come stiamo vedendo da tempo – ma anche dal punto di vista costituzionale. Una deriva inaccettabile, da fermare a ogni costo.

Senza considerare poi che resta appeso al premierato l'inghippo della nuova legge elettorale. E qui, lo scempio di questo ultimo quarto di secolo è stato terrificante: dal Mattarellum al Porcellum, dal Porcellum all'Italicum, dall'Italicum al Rosatellum. Abbiamo un'orgia di leggi elettorali, per lo più incostituzionali, e anche il nuovo modello accennato dalla destra e collegato al premierato non sembra fare eccezione: un pastrocchio che frulla il proporzionale con un superpremio di maggioranza, al quale non è stata neanche fissata una soglia minima, riproponendo le aberrazioni della legge Acerbo del 1924, che consentì a Mussolini il plebiscito del 1929, e della legge truffa del 1953, che per fortuna Calamandrei e Parri riuscirono a far ritirare da Scelba l'anno dopo. Oggi ci risiamo? Anche quello è un meccanismo coerente con l'idea autoritaria che chi vince con poco prende tutto, e gli altri «se ne facciano una ragione»?

L'ispirazione di fondo è la stessa. Per questo io sono sempre stato favorevole al sistema maggioritario. Meglio a doppio turno. Se guardiamo al resto d'Europa, vediamo che la polverizzazione dei partiti ha mandato in tilt quasi tutti i sistemi elettorali, compreso quello tedesco. L'unico che ha retto è il modello inglese, che non a caso è un maggioritario di collegio, seppur a turno unico. Ci sarà un motivo se in

Gran Bretagna i governi durano e si alternano, e quella legge elettorale che esiste da qualche secolo non l'hanno mai cambiata? Non si vuole il maggioritario? Allora, come male minore, si adotti il modello proporzionale che vige in Germania. Ma quello vero però, non quello rivisitato all'italiana. Mi ricordo che iniziai a discuterne ai tempi della Prima Repubblica, con Zanone e Altissimo che volevano il proporzionale a ogni costo. «Bene,» dissi «facciamolo, ma mettiamo la clausola di sbarramento alla tedesca che, pur in modo progressivo, per dare a tutti i partiti la possibilità di organizzarsi, arrivi con il tempo dal tre al cinque per cento!» Sono passati trent'anni e abbiamo fatto solo dei passi indietro riguardo alla governabilità e alla democrazia.

Ancora un passaggio sul premierato. Ma secondo lei, una volta ultimato il lungo percorso legislativo – che come sappiamo impone a Camera e Senato la doppia lettura incrociata del testo a distanza di tre mesi – gli italiani potrebbero votare sì a questa riforma, nel referendum confermativo che potrebbe arrivare tra fine 2025 e inizio 2026?

Non voglio crederlo. È in gioco la qualità della nostra democrazia. Capisco che la presidente del Consiglio, come altri politici delle destre in Occidente, pensi di risolvere la crisi strutturale proprio attraverso la scorciatoia leaderistica e autoritaria. Ma io le consiglio di pensarci bene. Anche Berlusconi fece la stessa scommessa, nel 2006, pensando di cavalcare l'onda, già in atto, della crisi delle democrazie. Ma sappiamo com'è andata a finire: il referendum fu per lui una disfatta. Se la sua erede oggi se la sente di imboccare la stessa Via Crucis, si accomodi pure.

D'altra parte la sua visione della democrazia è un po' quella. Non possiamo dimenticare che dopo il mezzo golpe di Capitol Hill, il 6 gennaio 2021, Giorgia si schierò dalla parte di Trump.

È vero perché quella sottile linea nera non l'ha mai voluta recidere. Perché altrimenti avrebbe intessuto un così intenso rapporto con Elon Musk?

Ecco, il rapporto con Musk merita una parentesi un po' più ampia. Qui si pone un grande tema, che riguarda più in generale le relazioni tra la politica e la tecnica, le classi dirigenti e le élite economiche, il populismo e il popolo. Mettiamo in fila i fatti. La rete non perdona, e mette in circolo il video di Meloni a Marbella, all'ormai celebre convention di Vox del 12 giugno 2022. Durante il suo comiziaccio, tra le tante altre cose ormai divenute virali, la leader di Fratelli d'Italia, già in piena campagna elettorale, spiega alla folla neofranchista di Santiago Abascal che tra i punti qualificanti del loro programma rivoluzionario i «patrioti» mettono anche il «no alla grande finanza internazionale». Non solo: in un'altra campagna elettorale, quella per le europee del 2019, la stessa Meloni nei talk show televisivi accusa George Soros di essere il braccio operativo della «sostituzione etnica», e sia pure senza evocarle in modo esplicito allude alle sue origini ebraiche, chiamandolo «il grande usuraio», formula che usavano i nazisti per preparare il «Volk» tedesco alla «Soluzione Finale» del 1942.

Riassumo tutto questo perché due scene mi hanno colpito, della Meloni transitata nel frattempo dalla sezione MSI di Colle Oppio alla stanza dei bottoni di Palazzo Chigi. La prima scena è la cerimonia del premio Global Citizen Award, che la presidente del Consiglio sceglie di farsi consegnare proprio da Elon Musk: nei saloni scintillanti dell'Atlantic Council di New York va in onda una soap opera, con Musk che abbraccia Meloni, salutandola come la «prima ministra italiana che sta svolgendo un lavoro incredibile», definendola «autentica, onesta, premurosa» e omaggiandola, con una leggera gaffe, come donna «più bella dentro che fuori». Meloni risponde con grande emozione e ancor più grande trasporto verso il «caro Elon» – già acclamatissimo ospite alla festa di Atreju il 16 dicembre 2023 – che pure ai suoi occhi dovrebbe incarnare il peggio del peggio, perché non è solo il massimo esponente di quella «grande finanza» esecrata a Marbella, ma è anche la negazione vivente di tutti i valori di cui la destra tricolore si finge paladina. Il turbo capitalista di Tesla e X, SpaceX e Starlink è consumatore abituale di cocaina, ketamina, ecstasy e funghi allucinogeni; ha avuto due mogli e un numero imprecisato di fidanzate, è padre di undici figli due dei quali si chiamano Tau Techno Mechanicus e X Æ A-12, e poi anche di un altro figlio nato da maternità surrogata e di una figlia transgender. Nonostante questo, tra i due scoppia la scintilla. Io la spiego con l'esigenza della premier di ricostruire un ponte con Trump prima del voto americano, facendosi perdonare quella foto con Joe Biden che le bacia la fronte nello Studio Ovale, ai primi di marzo 2024, e quindi per tenersi pronta a qualunque esito elettorale delle presidenziali di novembre. Mi pare che anche lei legga allo stesso modo quell'imbarazzante teatrino newyorkese...

È così, assolutamente, sul piano politico la chiave di lettura è questa. Sul piano estetico, invece, siamo al limite del postmoderno.

Forse l'abbiamo anche superato.

L'abbiamo addirittura superato, perché l'immagine di lei, fautrice della sacra triade Dio-Patria-Famiglia, che si fa consegnare un premio da Elon Musk, ci porta decisamente «oltre». Qui non stiamo parlando di un capitalista qualsiasi. Musk, nella sua vita pubblica e privata, come nella sua attività industriale e finanziaria, ha sempre violato ogni norma democratica e civile.

Ciononostante, Meloni lo «sceglie» come amico, alleato e interlocutore privilegiato, sottoscrivendo con lui persino un accordo segreto sull'utilizzo dei suoi satelliti. Anche questo probabilmente è il vissuto e il portato dell'underdog, che avverte il bisogno impellente di legittimarsi presso gli stessi poteri forti che dice di combattere.

Qui c'è la totale incoerenza e l'assoluta mancanza di pensiero della sua leadership politica, disposta persino a fare patti col «diavolo». Intendiamoci, lei ha anche un certo vantaggio, in operazioni mimetiche come questa, che non interessano sostanzialmente a nessuno perché il Paese è già stato largamente diseducato da Berlusconi.

C'è una cosa in più, da non sottovalutare. Quella è gente che porta soldi, tanti soldi. E i soldi fanno comodo a un Paese in bolletta come il nostro. E qui c'è la seconda delle due scene stupefacenti di cui parlavo prima: Larry Fink, padrone di Blackrock, il più grande fondo di investimenti del pianeta con una massa amministrata di 11,5 trilioni di dollari, e poi Brad Smith, presidente di Microsoft, ricevuti in pompa magna a Palazzo Chigi, per parlare di privatizzazioni, di investimenti sul PNRR*, di costruzione di data center. Anche questo fa un certo effetto. Un conto è quando strepiti contro i capitalisti dal palco di un'adunata sovranista, un altro conto è quando devi governare uno Stato in un'economia di mercato, e il denaro che arriva da lì smette di essere lo «sterco del diavolo» e diventa prezioso. È il triste destino del populista, che quando comanda, se non vuole mandare il suo Paese in bancarotta, deve smetterla di «drogare» il popolo con massicce dosi di ideologia. E questa è davvero una lezione universale, che vale per la destra ma in qualche misura anche per la sinistra. In fondo, anche il cammello dell'ex* PCI*, poi* PDS *e* DS*, è passato nella cruna dello stesso ago, con tribolate prove di accreditamento presso i «salotti buoni» e avventate «operazioni di sistema» come l'affare Unipol-*BNL *e la scalata Olivetti-Telecom. Ma chiudiamo la parentesi Musk e torniamo alle riforme. Il cammino di Meloni pare assai accidentato: incombe una ventata referendaria che potrebbe essere molto pericolosa per il governo, come già capitò proprio a Berlusconi e poi a Renzi…*

Non c'è dubbio, sarà un percorso a ostacoli. Ma ricordiamoci sempre una cosa: perché i referendum abbiano un senso bisogna portare diversi milioni di persone a votare. E questa è una vera e grande sfida, pari almeno a quella che Meloni porta avanti con le sue presunte «riforme». Alle quali, sia ben chiaro, io sono non contrario, ma contrarissimo.

Fermare la macchina del premierato adesso sembra per lei un po' più complicato, tanto più dopo lo strappo con l'Unione e la brusca virata a destra dopo le elezioni europee di giugno. Ma ora voglio chiederle degli alleati, non tanto Salvini che la scavalca continuamente, quanto piuttosto Antonio Tajani: i sedicenti «moderati» di Forza Italia che parte in commedia ricoprono? Sono e resteranno sempre comparse?

È quello che mi chiedo anch'io. La politica che sta facendo la presidente del Consiglio dovrebbe essere inaccettabile per Forza Italia. Lo ripeto di nuovo: i-nac-cet-ta-bi-le. E invece finora hanno accettato tutto e temo che continueranno a farlo, nonostante qualche secco richiamo all'ordine di Marina o di Pier Silvio. Per esperienza, le dico che Berlusconi certe torsioni così arroganti e squalificanti non le avrebbe mai tollerate. Del resto, durante le velenose trattative sulla lista dei ministri, non fu proprio lui, in quella seduta al Senato del 13 ottobre 2022, a scrivere su un foglio che Meloni «è una con cui non si può andare d'accordo» e che il suo comportamento è «supponente, prepotente, arrogante, offensivo»? E, proprio ripensando a queste parole, mi chiedo per quanto tempo ancora Forza Italia possa andare al traino di Fratelli d'Italia, anche su temi rilevanti e molto sentiti dagli italiani, come lo Ius Scholae. Questo è un tema che tocca i principi profondi della convivenza, principi che, almeno in teoria, dovrebbero essere condivisi da tutte le forze politiche della maggioranza. L'interrogativo è se Forza Italia avrà la volontà di portare fino in fondo la sua battaglia o, come è finora sempre avvenuto, vi rinuncerà.

Quello che però mi pare evidente, e che forse spiega la quiescenza del partito azzurro, è che la coalizione delle tre destre si regge su quello che definirei il «grande baratto»: Fratelli d'Italia impone a due alleati l'elezione diretta del presidente del Consiglio, e la Lega ottiene in cambio la legge sull'autonomia differenziata che fu cara a Bossi, mentre Forza Italia porta a casa il «pacchetto giustizia» che fu caro al Cavaliere. La convince questo schema?

Mi convince. E, detto in maniera molto franca, penso che occorra adoperarsi per far fallire il «grande baratto».

Del premierato abbiamo detto, e i lavori sono ancora in corso. Del «pacchetto giustizia» diremo, e i lavori cominceranno presto. Ma sull'autonomia differenziata i giochi sono già fatti: le norme che trasferiscono ventitré materie concorrenti alle Regioni, tra le quali la sanità e l'istruzione, il commercio estero e la sicurezza, sono già legge dello Stato. Lei che pensa di questa «riforma», che non solo esponenti dell'opposizione ma anche fior di giuristi hanno definito lo «Spacca-Italia»?

Penso tutto il male possibile. Diciamo però la verità: noi seminammo vento con la riforma del Titolo V, nel 2001, che fu un errore del quale non dovremmo mai smettere di pentirci. Ma fu un peccato di portata molto minore rispetto al progetto di riforma del governo. Con la proposta che è già sul tavolo, ogni Regione assume un livello di autonomia che mette a rischio l'unità nazionale e quel minimo di solidarietà che deve essere garantita all'interno di un Paese. In sostanza le Regioni ordinarie diventano Regioni a statuto speciale con un ulteriore aumento di autonomia, in base a un semplice accordo con il governo e non attraverso una legge di carattere costituzionale, prescritta per l'approvazione delle leggi delle Regioni a statuto speciale. Questa proposta di legge non sta in piedi perché rende più fragile ogni aspetto della nostra vita: dalla sanità all'istruzione, passando per i trasporti e tutti gli altri servizi essenziali che lo Stato ha il dovere di garantire in modo omogeneo a tutti i cittadini italiani. La mia preoccupazione maggiore, ovviamente, riguarda la sanità, che copre la massima parte dei bilanci regionali. Con questa pseudoriforma, che non ha ancora definito nemmeno i livelli essenziali di prestazione (LEP), il problema è, come ha analiticamente dimostrato la Fondazione GIMBE, che facciamo saltare per aria l'intero Servizio sanitario nazionale. Questa è la posta in gioco, che riguarda non solo il Mezzogiorno ma anche il Settentrione. Cosa vogliono fare, Salvini e i padani, smantellare lo Stato sociale e dare tutto in mano ai privati? Vogliono fare un Medicaid per i poveri, come in America? A me lo schema sembra proprio questo. E persino il decreto-truffa sul taglio delle liste d'attesa porta in quella direzione. Se, per accorciare i tempi per una TAC o una risonanza magnetica, investi risorse nelle strutture private, stai ammazzando gli ospedali e, in prospettiva, la sanità pubblica. La sanità infatti non si uccide con il coltello, ma la si soffoca con le restrizioni di bilancio. Si possono negare questi fatti finché si vuole, ma questa è la realtà.

Però è un fatto che il Nord sembra piuttosto orientato ad andare avanti. E anche l'Emilia-Romagna, regione amministrata dalla sinistra, fu la prima a chiedere l'autonomia insieme a Lombardia e Veneto.

Per restare ai fatti, la proposta dell'Emilia-Romagna, condivisa con tutte le parti sociali, era diversa da quella del governo e molto più limitata, non solo nel numero delle materie previste, ma anche nella profondità dei cambiamenti che tendevano soprattutto a una semplificazione dei rapporti tra i cittadini e le istituzioni regionali. Occorre infatti intervenire sul tema perché ormai c'è un contenzioso fra Stato e Regioni così pesante da occupare buona parte del lavoro della Corte Costituzionale. Ma bisogna farlo con un approccio che serva a tenere unito il Paese, non a tagliarlo a metà.

Attraverso le modifiche all'ordinamento giudiziario, nel combinato disposto con il premierato e la nuova legge elettorale, la maggioranza parlamentare sarebbe in grado non solo di esprimere il presidente del Consiglio e di indicare il presidente della Repubblica, ma anche di scegliersi i giudici della Corte Costituzionale e i membri del Consiglio superiore della magistratura. Su questo l'allieva Meloni rischia addirittura di superare il maestro Orbán.

Con tanti saluti alla separazione dei poteri.

Prima della guerra in Palestina, per molto meno l'opinione pubblica israeliana è scesa in piazza quaranta weekend consecutivi, per difendere l'indipendenza della Corte Suprema dalla longa manus del governo Netanyahu.

Beati quei popoli che hanno a cuore la democrazia e lo stato di diritto. Confido che gli italiani non siano da meno.

Nel rapporto tra potere politico e società civile c'è ancora un altro versante sul quale le nuove democrazie illiberali si esercitano con gioia feroce: l'informazione. La libertà di informare e di essere informati è un altro fattore critico, per i governi che non resistono al canto delle sirene dell'autoritarismo. Meloni non pare proprio un'eccezione, a giudicare da quello che stiamo vedendo nella gestione della RAI *e nel rapporto con le altre reti televisive, i giornali e la libera stampa.*

I rilievi formulati negli ultimi mesi dal documento sullo stato di diritto della Commissione europea e dal Media Freedom Rapid Response si commentano da soli. La premier si può irritare finché vuole, può scrivere montagne di lettere a Ursula von der Leyen, ma che la libertà d'informazione in Italia abbia subito un evidente declino in questi ultimi due anni è di campale evidenza. Riguardo alle televisioni il calcolo è semplice: RAI e Mediaset sono perfettamente allineate alla maggioranza. Fuori dal solito duopolio esistono

La7 – che si è ritagliata un ruolo da servizio pubblico, ma con numeri incomparabili con il medesimo – e alcune reti minori, ma che non sono *all news* e si occupano poco di politica. Quindi il governo, allo stato attuale, controlla il novantacinque per cento del mercato televisivo. È normale?

Professore, le rispondo che non lo era neanche prima. E le destre rispondono che la RAI *è stata sempre lottizzata.*

Questo è vero. Il problema è che oggi la RAI non è «lottizzata», è «occupata». Una volta i partiti controllavano ognuno una rete. Era un sistema aberrante, odioso, ma almeno uno straccio di pluralismo c'era.

Adesso il governo tiene saldamente in mano tutto, in modo trasversale. Si dice che questo non l'ha deciso Meloni, ma è il frutto della riforma della governance voluta da Renzi.

D'accordo, il risultato non cambia. Renzi ha fatto la riforma della RAI, loro la stanno usando per espropriare i vertici, il consiglio di amministrazione, le direzioni interne, i palinsesti. Le sembra normale che uno dei top manager di viale Mazzini parli dal palco di Atreju e dica «il nostro partito»? A me no. Come non mi pare normale tutto il resto. La censura di Antonio Scurati, le uscite di Corrado Augias, Fabio Fazio, Lucia Annunziata, Massimo Gramellini…!

Le devo ricordare l'editto bulgaro di Berlusconi, contro Biagi, Santoro e Luttazzi?

Fa bene a ricordarlo. Io ricordo anche l'editto cinese

della presidente del Consiglio contro i giornali «nemici», «la Repubblica», il «Domani», «il Fatto Quotidiano». Lei non ha in tasca i miliardi di Silvio, non si porta dietro il suo immane conflitto di interessi, ma alla fin fine il modo di pensare è lo stesso. Vogliamo aggiungere il boicottaggio pubblico contro Corrado Formigli, le denunce penali contro Luciano Canfora, l'incredibile appello a Mattarella contro le sacrosante inchieste giornalistiche di Fanpage sugli «splendidi ragazzi» di Gioventù nazionale?

Per non dimenticare le mire sull'Agenzia Italia di Antonio Angelucci, deputato leghista già padrone del «Giornale», di «Libero» e del «Tempo», oltre che di cliniche sparse in mezza Italia.

Anche questa è una vicenda inquietante. Una cosa del genere può succedere solo in Italia, ma è sempre lo stesso riflesso condizionato: controllo, controllo, controllo. Controllo dell'informazione, e in parallelo compressione del dissenso. Due episodi successi nel maggio scorso, secondo me molto gravi, dicono tutto. Prima i tre giovani cronisti freelance, praticamente arrestati e trattenuti per due ore e senza motivo nel commissariato di Castro Pretorio a Roma, solo perché stavano seguendo la manifestazione di protesta dei giovani ambientalisti di Ultima Generazione. Poi la reazione isterica della maggioranza per qualche slogan gridato da un collettivo di studenti durante l'intervento della ministra Eugenia Roccella agli Stati generali della natalità. Come avrei dovuto reagire io di fronte alle pesantissime manifestazioni di dissenso che il mio governo ha subito? Il vittimismo non è la caratteristica dei grandi statisti.

Nel complesso, c'è un uso molto disinvolto del manganello, in senso simbolico e pratico, in presenza di qualunque focolaio di contestazione. E meno male che proprio Meloni, nel suo discorso per la fiducia in Parlamento del 25 ottobre 2022, aveva promesso: guarderò con simpatia a tutti quei giovani che protesteranno contro il governo, perché anch'io l'ho fatto alla loro età.

La tolleranza non rientra nella sua «educazione sentimentale». Quando io ero presidente del Consiglio avevo contro le proteste organizzate, anche violente, eterodirette dalla destra. Mi ricordo le imboscate alla Fiera di Bologna e le manifestazioni durissime del Family Day davanti a Palazzo Chigi. Non sono mai fuggito davanti alle proteste. Non ho mai fatto la vittima, lamentando il «clima d'odio», i «complotti» o le «persecuzioni» contro di me. Meno che mai ho ordinato alle forze dell'ordine di manganellare quelli che protestavano in piazza. Ho insegnato a Trento, negli anni duri. So bene cosa accadeva nei cortei, nel 1968 e nel 1977. Li affrontavo, senza piangere e senza invocare lo stato di polizia. Questi, per molto meno, fanno il contrario.

3

Dall'Ulivo ai campi larghi: morte e resurrezione delle sinistre?

Come abbiamo già accennato, proprio le ultime tornate elettorali in Gran Bretagna e anche in Francia dimostrano che, se le opposizioni si mobilitano, e si mobilitano i rispettivi elettorati, le alternative diventano possibili. E qui siamo all'Italia, caro professore: l'alternativa sta diventando possibile anche da noi?

Vorrei tanto dirle di sì, ma invece le devo rispondere per ora, no. Quello che sta succedendo con le campagne referendarie contro le riforme del governo è importante, anzi è fondamentale. Sollecitare e organizzare la mobilitazione popolare contro leggi sbagliate è un dovere politico e morale di tutti coloro che hanno a cuore la qualità della nostra democrazia, come abbiamo già detto. Ma questo ovviamente non basta a costruire un'alternativa vera, solida, strutturale. Serve un programma studiato e costruito insieme alla gente, che produca una presa di coscienza sulle cose indispensabili da fare e non solo su quelle fatte da altri che si vogliono impedire. Serve una convergenza politica sui contenuti. C'è bisogno di ricominciare a parlare di politica e delle decisioni necessarie per cambiare le cose.

Ma non è quello che stanno cominciando a fare nel «campo largo» PD e Cinque Stelle, Verdi e Sinistra Italiana e ora persino Italia Viva?

Il campo largo non si improvvisa, lo si costruisce. E soprattutto il campo largo non può essere solo il terreno di gioco dei leader, ciascuno con la sua tattica e i suoi schemi. Il campo largo è un campo aperto, dove il modulo di gioco non lo decide un gruppo ristretto, ma è la pura e semplice trasposizione di una grande piattaforma popolare. Bisogna che i segretari dei partiti di opposizione questa discussione la portino tra la gente, alle persone in carne e ossa. Bisogna prima di tutto ascoltare i cittadini e poi spiegare con chiarezza gli obiettivi e con quali strumenti raggiungerli.

Possiamo dire che non basta una «partita del cuore», e nemmeno un assist di Matteo Renzi a Elly Schlein o i lanci di Conte a Fratoianni, per pensare che l'alternativa sia già fatta? Che effetto le hanno fatto quelle immagini, quegli abbracci dopo i gol?

È chiaro che abbracciarsi durante una partita va benissimo. Ma da questo a trasformare quell'abbraccio in una svolta politica, ce ne corre. Non può nascere un programma da una partita di calcio. E non bastano i giocatori, ammesso poi che siano davvero affiatati. È l'allenatore che fa la squadra.

Lì era Ignazio La Russa, ma lasciamo perdere. Piuttosto, prima di ragionare su come si costruisce una proposta politica credibile nel centrosinistra, togliamoci subito questo dente. Le voglio chiedere di Renzi, che ora è il più accanito sostenitore dell'unità delle opposizioni e che sgomita per entrare nel campo largo. Lo fa per puro, spregiudicato opportunismo, oppure è sinceramente pentito delle sue «fuitine» nel centrodestra? È giusto farlo entrare in partita, o è meglio mandarlo in tribuna perché non più spendibile come «falso nueve» del centrosinistra?

Le ripeto quanto ho già detto anche in altre occasioni: per entrare a far parte di una coalizione occorre un rapporto positivo con gli alleati, o almeno con una buona parte di essi. Renzi si è distinto per non aver trascurato proprio nessuno nei suoi numerosi attacchi a campo veramente largo. Facendo appello alla mia educazione cattolica, ricordo che si «fa più festa in Cielo per un peccatore pentito che per mille giusti». Vi sono però tre condizioni: la prima è che il peccatore ammetta di avere peccato, la seconda è che sia davvero pentito e la terza, la più difficile, è che si impegni a non peccare mai più. La scelta di Elly Schlein è quindi piuttosto complicata e non può certo limitarsi a un abbraccio sul campo da calcio.

Ora parliamo del resto. Lei inventò l'Ulivo, lo guidò a bordo di un pullman e dopo un lungo viaggio per l'Italia lo portò fino a Palazzo Chigi. Bisognerebbe tornare a quell'idea, per rimettere insieme una coalizione vincente?

Bisognerebbe tornare a quello spirito, sì, questo è sicuro. Questo campo largo, ognuno lo chiami come crede, se vuole esistere e costruire un'alternativa di governo alle destre non può fare a meno di mettere assieme tutto quello che c'era nell'Ulivo: i socialisti, i cattolici, i comunisti, i liberali riformisti. Vede, da questo punto di vista le cose non sono cambiate poi così tanto da quel 9 agosto 1994, quando a Bebbio, dopo il mio solito compleanno nella casa di famiglia, annunciai in un'intervista pubblica con la «Gazzetta di Reggio» non la mia «discesa in campo», come aveva fatto Berlusconi, ma la mia «scivolata in politica», visto che sarei arrivato a quel traguardo in modo quasi naturale, dopo tutto quello che avevo fatto prima. Ma già in quell'occasione, spiegai che il mio impegno in politica sarebbe passato sempre attraverso le scelte dal basso e mai attraverso piccoli cespugli o giochi di palazzo tra i leader. E si sarebbe imperniato intorno alla costruzione di un sistema di alleanze. L'Ulivo, in termini lessicali, nacque così, da un'idea di Arturo Parisi che io accettai con entusiasmo. Ci serviva un albero robusto, da affiancare alla Quercia, cioè all'allora PDS. In posizione paritaria, senza pretese egemoniche da parte di nessuno.

Lei vuol dire che oggi siamo più o meno nella stessa situazione?

Una situazione simile. Nella mia consueta logica di «deteologizzare» la politica, anche oggi il campo largo deve includere anime e aspirazioni diverse che non si snaturino, ma che sappiano mettere in comune valori e proposte. Senza dottrine dominanti. Se posso farle un esempio concreto, proprio riferito all'oggi: con tutta l'ammirazione e la stima che ho sempre avuto per quel grande segretario del PCI, mi ha fatto effetto che nella tessera del PD ci fosse impressa l'immagine di Enrico Berlinguer. Lui è stato un leader inclusivo, ma se lo erigi a volto-simbolo di un partito che è nato per fondere le due famiglie postcomunista e postdemocristiana, allora lo fai diventare escludente. Finisci per urtare la sensibilità politica di chi si è unito a te da pari a pari, non da fratello minore.

Bene, abbiamo fissato un principio: nel centrosinistra, pari dignità per tutti e nessun primus inter pares. Ma poi, un patto del genere come si trasforma in una proposta di governo?

Si parte dal basso, oggi come allora. Ma ovviamente gli strumenti dovrebbero essere diversi. Per essere chiari: se oggi i leader dell'opposizione salissero sul pullman e si mettessero a girare l'Italia come feci io vent'anni fa, alle fermate non ci troverebbero nessuno. Non solo il Paese, ma il mondo è cambiato. Il mio suggerimento l'ho già dato e lo ribadisco: bisognerebbe aprire una grande discussione attraverso la Rete, non tra i politici di professione, ma facendo intervenire e interagire tante persone esterne ai partiti, che abbiano una comune idea del futuro e una competenza specifica, ciascuno nel proprio settore.

Professor Prodi, questa è la piattaforma Rousseau, è la Casaleggio Associati. Vuole scimmiottare i Cinque Stelle prima maniera, con dieci anni di ritardo?

Non confonda lo strumento con i suoi contenuti. La

piattaforma Rousseau era uno strumento di democrazia diretta attraverso il quale solo gli iscritti al M5S votavano sulle scelte del Movimento. Ciò di cui abbiamo bisogno oggi è un dialogo aperto sui principali problemi che angosciano i cittadini, ma la responsabilità della scelta politica resta in capo ai partiti. Nella mia proposta si dovrebbero scegliere i temi dei quali si discute in famiglia: salari, occupazione, casa, salute, scuola, pace e così via. Quindici temi forti sui quali poi definire la proposta politica. Ogni settimana, venti persone esperte rispondono su ciascuno di quei temi. Poi al sabato, in presenza, si riassume ciò che è emerso e lo si discute tra i presenti. Dopo questo lavoro diventa semplice comporre tre pagine di sintesi sulle conclusioni emerse. In quindici settimane si ha a disposizione un quadro completo dei reali bisogni del Paese, indicati da una larga base sociale che ha discusso e si è confrontata. A quel punto tocca ai partiti la responsabilità di rielaborare il tutto, di fissare le priorità e di trasformarle in un programma politico. Perché attenzione, i partiti sono una cosa seria. Devono riaprire il dialogo da troppo tempo interrotto con i cittadini, modernizzando il loro modo di confrontarsi, ma senza i partiti non si fa politica.

Il suo amico Pier Luigi Bersani ha proposto la formazione di tanti «comitati civici», sparsi sul territorio. È una soluzione che somiglia alla sua, al di là dell'uso della piattaforma digitale.

Sì, vanno bene anche quelli. Ognuno può proporre strumenti differenti, a seconda delle risorse che i partiti hanno a disposizione e vanno tutti bene. L'essenziale è riportare il dibattito politico a livello popolare, perché il centrosinistra o rinasce dal basso o non rinasce affatto. E non si può imitare la piazza di Beppe Grillo da una parte, o quella delle Sardine dall'altra, come abbiamo visto in questi anni. Quella non è politica. Infatti non è durata. Anche se, su Grillo, apro un'altra piccola parentesi...

Apriamo la parentesi su Grillo...

Quando faceva il comico e non il capo politico, a me piaceva parecchio. Quelle sue trasmissioni televisive, *Te la do io l'America* e tutte le variazioni sul tema, e quegli spettacoli in teatro sulle nuove tecnologie, le pubblicità, i modelli di consumo, le bottiglie d'acqua minerale che partivano da Bergamo e arrivavano in nave fino all'Argentina, ecco, lì c'era sostanza. Anzi, le voglio confidare un'altra cosa che non ho mai raccontato. Prima che io entrassi in politica, quando il Movimento non esisteva ancora, Beppe Grillo mi mandò a Bologna un testo perché io verificassi se le sue tesi economiche erano corrette. A me apparve un fatto molto positivo poiché nei suoi spettacoli affrontava molti temi economici e ci teneva che non fossero trattati sulla base di numeri e dati sbagliati.

Quindi lei aveva un buon rapporto con il capocomico che di lì a poco avrebbe rivoluzionato la politica italiana, sterminando i politici di professione e portando al potere una generazio-

ne di «cittadini», come li chiamava lui, per lo più dilettanti allo sbaraglio entrati in Parlamento in virtù del principio «uno vale uno»?

Buon rapporto è troppo, mi piaceva come uomo di teatro. Qualche anno dopo, quando venne a trovarmi a Palazzo Chigi, perché voleva mostrarmi una sua pubblicazione, non fu certo corretto. Facemmo un bell'incontro, più di un'ora, a chiacchierare di cose anche importanti. Io, quando discuto di temi che mi stanno a cuore, a volte ho l'abitudine di parlare a occhi chiusi, per trovare le parole più appropriate a esprimere pensieri complessi. E così, avendo trasformato il Movimento in una forza politica, invece di rendere pubblica la nostra conversazione, raccontò ai giornalisti che mentre lui parlava, io dormivo. Una totale invenzione, di quelle che piacevano e servivano a lui per delegittimare tutto il ceto politico.

Chiusa la parentesi Grillo, ma già che ci siamo continuiamo con i Cinque Stelle e veniamo all'oggi. Il Movimento è uno dei giocatori del campo largo, ma a una sola condizione, secondo me: che Giuseppe Conte, chiusa la stagione dell'eterodirezione grillina, decida una volta per tutte chi vuole essere lui, e cosa vuole che sia il suo partito, perché ormai possiamo chiamarlo così. Ancora oggi, nella vecchia guardia pentastellata, c'è chi sostiene che il Movimento non deve essere né di destra né di sinistra, e che se in questi anni ha perso sette milioni di voti questo dipende proprio dal fatto che ha perso questa sua vocazione «terzista». Lei come la vede?

La prima cosa che mi colpisce, esaminando la dinamica dei Cinque Stelle di questi anni, è questo paradosso: proprio loro, che sono nati come movimento dal basso, attraverso liti sugli scontrini, liti sui rimborsi, transumanze parlamentari e vere e proprie scissioni, alla fine sono diventati il partito più verticistico che esiste. Ora è tutto in mano a Giuseppe Conte e tutto dipende da Giuseppe Conte. Io penso che lui debba scegliere, una volta per tutte: o di qua, o di là. Se non fa questa scelta, il Movimento non solo perde voti, ma muore.

È vero che il Movimento nasce ormai quasi quindici anni fa come forza politica «ibrida» e trasversalissima, che pesca voti per un terzo da destra, per un terzo da sinistra e per un terzo dall'astensione. Ma oggi?

Mi pare che Conte sia entrato nell'ordine di idee che un'alleanza con il PD di Elly Schlein sia un passaggio ormai ineludibile. Siamo però arrivati al momento, come ho detto sopra, di una scelta di programmi politici concreti e operativi.

Il sospetto che circola, sull'avvocato del popolo, è che però anche in un'ottica di coalizione abbia sempre in testa l'idea che il vero capo sia lui, e che sia lui a dover tornare a Palazzo Chigi.

Tutti quelli che ci sono passati, me compreso, vorrebbero tornare a Palazzo Chigi. Ma di nuovo, come insegna il Qoelet, c'è un tempo per ogni cosa. Oggi, per lui, non è più quel tempo. Deve prenderne atto e mettersi a lavorare di buona lena insieme agli alleati, senza pretese egemoniche, peraltro, nel suo caso, non suffragate dai numeri. E deve prendere atto anche di un altro fatto: la stagione «movimentista», sulla quale i Cinque Stelle hanno costruito la loro fortuna, è finita. Oggi, dopo il Covid, con due guerre in corso, la gente non ha più voglia di avventure: ha bisogno di sicurezza, ha bisogno di certezza. Non chiede emozioni, pretende protezioni. Poi, certo, c'è sempre un generale Vannacci che fa surf sull'Apocalisse, ma sono fenomeni passeggeri e di nicchia. Per proporre agli italiani un'alternativa a questo «patriottismo» autoritario e reazionario al governo del Paese, si deve prendere ago e filo e cucire con umiltà e determinazione un'alleanza della quale le persone si possano fidare. E questo vale per tutti, per Conte, come per Schlein.

De te fabula narratur*: siamo al* PD*, al fardello che in questa fase difficile il partito più forte dell'opposizione si deve caricare sulle spalle, al compito della segretaria che lo deve rilanciare come pilastro di un centrosinistra unito e come forza politica che può e vuole tornare al governo del Paese. Lei ha dato giudizi non sempre entusiasti sull'operato della segretaria, dall'inatteso trionfo alle primarie del 26 febbraio 2023 in cui prevalse con il cinquantaquattro per cento dei voti. La domanda delle cento pistole è semplice: Schlein ci sta riuscendo, a fare tutte queste cose insieme?*

È noto, e non l'ho mai nascosto, che a quelle primarie io votai Bonaccini. Posso dirle questo. Dopo i primi mesi di rodaggio, caratterizzati da una certa indecisione sulle scelte interne e da una certa vaghezza nella comunicazione esterna, mi pare che la segretaria sia oggettivamente cresciuta.

Lei però non le ha mai risparmiato le critiche. Degli occhi di Berlinguer sulla tessera del PD abbiamo detto, ma poi c'è stata l'ipotesi della sua candidatura a capolista ovunque, in seguito rimangiata, qualche scelta poco plurale nella segreteria, qualche ambiguità nel rapporto con i potenziali alleati, e anche qualche timidezza di troppo nel salire al volo sui cavalli di battaglia del centrosinistra, a partire dalle tasse definite dalla Meloni «pizzo di Stato».

Le mie osservazioni anche critiche sono state sempre rispettose del ruolo che Elly ricopre e non le rinnego. Oggi direi che la segretaria sta dimostrando di avere cultura politica, possibilità intellettuali e sta anche dimostrando di capire la complessità del quadro generale, sia quello che riguarda la maggioranza sia quello che riguarda l'opposizione. Ma la strada della federazione tra le opposizioni è ancora lunga.

Ma deve essere il PD il partito che federa? E può essere Schlein la federatrice?

Certo, il Partito democratico ha più forza degli altri, ma deve avere qualcuno che sia capace di federare, e federare vuol dire avere una larghezza di vedute, saper rendere compatibili le diversità. Non si è federatori per natura. Federatori non si nasce, questo è chiaro. Lo si diventa, imparando a distribuire bene le carte a tutti i compagni di gioco.

La segretaria ho dovuto battagliare anche con le solite nomenklature del partito: obiettivamente «i cacicchi e i capibastone» non le hanno reso vita facile... Ma le riformulo la domanda: Schlein ha il profilo giusto?

Lo possiede certamente, ma deve riuscire a mettere insieme le diverse idee e le diverse personalità. Nel nostro caso bisogna mettere insieme le radici socialiste, comuniste, cattoliche, liberali necessarie per ricomporre una maggioranza che rifletta i blocchi riformisti, sociali e culturali, di questo Paese. Debbo dire con sincerità, forse per la mia storia personale, che la componente cattolica riformista rischia di non sentirsi a suo agio nella casa del Partito democratico. Penso che sia una mancanza non tener in sufficiente conto il ruolo svolto dai cattolici nella costruzione della cultura riformista. Questo è solo un esempio di quanto sia complesso il lavoro del federatore, ma è una funzione essenziale per tenere insieme una società così differenziata come quella di oggi.

Nelle sue parole avverto molta prudenza.

Detto molto esplicitamente: il compito di Schlein è allargare. Allargare e includere. Per poter proporre l'alternativa agli italiani e per poter candidare se stessa a primo ministro, deve costruire fin da ora una grande squadra. Lo deve fare e lo può fare. Perché ha una forte passione politica e una collaudata esperienza maturata non solo a Bologna e a Roma, ma anche a Bruxelles.

Ma vi parlate spesso? Le chiede suggerimenti, sulla sua esperienza ulivista?

Ci sentiamo, certo, e parliamo di tante cose. Anche dell'Ulivo, di come lo piantammo, lo coltivammo e lo facemmo crescere. Lei ascolta, interagisce con molto interesse e naturalmente riconosce come sua questa storia politica. Esiste però un dato anagrafico e non politico. Elly, al tempo del mio primo governo, aveva dieci anni. Però, lo ripeto, oggi è in cammino. E questo è positivo. Deve tenere conto di tutte le radici e di tutte le foglie. E poi deve comporre «squadre» che studino e propongano soluzioni ai singoli problemi in cui si dibatte il Paese: una squadra per la sanità, per la scuola, per la ricerca, per il fisco, per l'industria, per l'agricoltura... Un governo di coalizione si prepara mettendo insieme le culture politiche e le competenze tecniche. Questo è un lavoro che, con la dissoluzione dei partiti in atto, va iniziato subito, per non ritrovarsi poi, anche se si vincono le elezioni, a mettere in piedi un governo modesto e malaticcio. E questa è un'altra grande differenza tra la destra e la sinistra. La destra non ci prova nemmeno a fare questa sintesi: nella coalizione ci sono tre partiti indipendenti fra loro, con diversi riferimenti ideologici, che stanno insieme solo perché c'è un capo che li tiene insieme, ma non uniti.

Sarà una sfida di lunga lena. Ma intanto la battaglia comune per i referendum contro il premierato e l'autonomia differenziata non è una buona base di partenza? La difesa dei princi-

pi e dei valori costituzionali non è un collante sufficiente, per PD e Cinque Stelle, Verdi, Sinistra Italiana e Azione?

Questi sono due referendum che richiamano valori fondamentali: uno è la solidarietà, l'altro è l'equilibrio dei poteri. È una sfida importantissima, anche se difficilissima. L'enorme quantità di firme raccolte è un eccellente viatico, ma non dimentichiamo che, per raggiungere il quorum nel quesito sull'abrogazione della legge sull'autonomia differenziata, bisognerà portare alle urne oltre venti milioni di italiani. Con i chiari di luna dell'astensionismo alle ultime elezioni, è come scalare l'Everest. Come se non bastasse tra gli aventi diritto ci sarebbero anche quasi cinque milioni di italiani all'estero e non si capisce che interesse possano avere a votare su un quesito che trasferisce materie concorrenti dallo Stato centrale alle Regioni. È un assurdo delirio, ma se ragioniamo in termini di quorum questo aggiunge incertezza all'incertezza.

Dalle elezioni dell'8-9 giugno, però, è emersa una novità confortante: sono andati a votare tanti, tanti giovani tra i diciotto e i venticinque anni. Non è un buon segnale, non solo per il centrosinistra, ma anche per la democrazia?

Ci ho pensato a lungo e non voglio farmi illusioni né trarre conclusioni premature. È difficile capire se nei giovani ci sia davvero una ripresa di interesse per la politica. Però qualche segnale lo vedo come il loro comportamento nelle elezioni europee. E questo mi fa ben sperare. Forse cominciano a prendere coscienza delle ingiustizie sociali insopportabili, delle disuguaglianze economiche insostenibili. Una cosa è sicura: i ragazzi sentono forte l'angoscia per il loro futuro. Quelli che possono se ne vanno dall'Italia. Non sono felici di emigrare, ma si rendono conto di vivere in un Paese che dà loro poche garanzie. Questa è la vera sfida per il futuro.

Forse questo, coniugato all'inverno demografico, è davvero uno dei problemi più drammatici del nostro Paese.

Assolutamente sì. Le racconto una cosa che mi ha sconvolto. Io conosco molto bene la comunità dei sikh, gli indiani che qui in Emilia-Romagna sono numerosissimi. Iniziarono a venire già ventiquattro anni fa e a Novellara fu inaugurato un grande tempio dedicato alla loro religione. I sikh erano più di quattromila già allora: una comunità molto unita, molto compatta sui valori della famiglia e della scuola, che nei paesi della Bassa, in cui si è insediata, ha sempre lavorato sodo nella mungitura all'interno degli allevamenti bovini e ha sempre dato un contributo positivo al territorio. In occasione del ventesimo anniversario della costruzione del tempio, ho partecipato alla cerimonia e ho chiesto ai miei amici emiliani, a partire dal sindaco, come siano oggi i rapporti con la comunità. «Va ancora bene, tutte le nostre stalle vanno avanti solo grazie al loro lavoro, visto che nessun italiano è disposto ad alzarsi, tutti i giorni dell'anno, prima delle quattro di mattina». E allora insisto: «Qual è il problema?». La risposta mi ha lasciato di sasso: «Con il paese i padri non hanno nessun problema: per qualunque iniziativa pubblica, una raccolta fondi per un teatro, un campo sportivo, sono i primi a contribuire. Il problema vero sono i loro figli: studiano, sono bravi a scuola, si diplomano, si laureano, ma poi se ne vanno all'estero, in Germania, in Gran Bretagna, in Canada». È un altro tassello del drammatico quadro italiano.

Lei mi sta dicendo che dall'Italia se ne vanno ormai anche i figli dei mungitori sikh?

Esatto. E il motivo per cui se ne vanno, se non vogliamo far finta di essere ciechi e sordi, lo conosciamo bene. All'estero li pagano molto di più, sono più considerati, hanno molte più opportunità per costruirsi una famiglia, una carriera, una vita. Cioè tutto quello che l'Italia non è più in grado di offrire loro. Questo Paese è stato attrattivo nel dopoguerra perché essere attrattivi non significa necessariamente essere un Paese ricco. Con il miracolo economico facemmo un grande salto in avanti, ma non eravamo ancora una nazione ricca. Però c'erano opportunità e soprattutto grandi speranze. C'era la certezza che, continuando per quella strada, saremmo stati sempre meglio, noi e i nostri figli, che a loro volta sapevano che sarebbero stati meglio di noi. Ma da allora tutto è cambiato. Sono queste le leve che mancano ai giovani. E qui, per tornare all'alternativa politica, io vedo un'immensa prateria per i progressisti.

Almeno sul salario unico, le opposizioni finora hanno marciato unite...

Ed è un bene, perché trovo incredibile, quasi immorale, che non si sia voluto nemmeno un salario minimo di nove euro lordi all'ora. La questione salariale non riguarda solo i salari minimi, ma è tutta la struttura e la curva delle retribuzioni che va fatta salire drasticamente. Il confronto con Francia e Germania è umiliante. Tra l'altro, nessuno mette in rilevo il fatto che esportiamo molto anche perché paghiamo poco i lavoratori in tutti i settori. E nel frattempo il costo della vita è esploso, molto al di là del dato statistico ufficiale. E il governo non sembra preoccuparsene, tutto preso com'è dalla riduzione degli spazi di dissenso, dentro e fuori dalla scuola. Per questo vorrei che questo diventasse uno dei punti cardine delle proposte del campo largo.

Lei ce l'ha qualche idea?

Cerco di capire il mio Paese. Abbiamo una categoria di medie imprese efficientissime, che ruba quota di mercato ai tedeschi sistematicamente, e una miriade di piccole imprese a bassa efficienza: sia nell'industria sia nel terziario che nella pubblica amministrazione. È qui che bisogna intervenire, elevando i livelli di produttività del sistema. La mia fissazione sono gli incentivi alla fusione delle imprese, alla crescita dimensionale e alla spinta al microcapitalismo familiare per garantire la sua continuità nei passaggi generazionali. Infine un'ultima riflessione: ho nella massima considerazione la ricerca scientifica avanzata e penso che il nostro Paese abbia la capacità e il dovere di aspirare alle prime posizioni in alcuni specifici campi, ma la strategia per vincere la gara dell'efficienza e della produttività di tutto il Paese non può che essere indirizzata nel diffondere a tutti le conoscenze che già esistono nel patrimonio del mondo, con particolare riferimento all'uso dell'intelligenza artificiale e delle innovazioni a essa connesse. Un obiettivo fondamentale e alla nostra portata è moltiplicare il numero di coloro che sanno usare queste nuove tecnologie, con un imponente sforzo per creare scuole tecniche adatte allo scopo. Queste sono le vere priorità di un Paese moderno che vuole garantire un futuro ai suoi figli. Non quindi le rendite di posizione per i balneari e i tassisti e i condoni tombali per gli evasori e i tangentisti.

Professor Prodi, da quello che lei dice, ci vuole un centrosinistra d'acciaio, per rivincere le elezioni e tornare a governare l'Italia.

Dobbiamo ridare al Paese la speranza, la fiducia e la coesione: sono certo che in questo cammino noi non saremo soli e la maggioranza degli italiani ci accompagnerà.

Indice dei nomi

Indice

Indice

Stampato nel mese di novembre 2024 su carta HOLMEN
con fibra vergine proveniente da foreste sostenibili holmen.com/paper
presso Elcograf S.p.A. - Viale De Gasperi 120 - Cles (TN)

Printed in Italy